EMILE JANVION

Le Dogme et la Science

Prix : 0,25 Centimes

EN VENTE AU JOURNAL *LE LIBERTAIRE*

5, Rue Briquet, PARIS.

Le Dogme et la Science

PRÉFACE

L'auteur n'a pas la prétention de présenter au lecteur des idées nouvelles au point de vue scientifique. Cette brochure a pour but de rendre assimilable pour la masse les théories matérialistes contemporaines qui sont malheureusement trop *inconnues pour la très grande majorité des camarades.*

Il s'est gardé le plus possible d'entrer sur le terrain de la polémique ou du pamphlet; les sarcasmes, toujours faciles, sont de peu de valeur dans les discussions sérieuses. Sa grande préoccupation a été de grouper solidement les principaux arguments scientifiques contradictoires aux sophismes spiritualistes et de les rendre accessibles à tous.

Les objections sérieuses doivent remplacer les arguties vieillies et les rabâchages simplistes.

E. J.

13 août 1897.

Le Dogme et la Science

I

DU DOGME RELIGIEUX

La Révélation

Pour ceux auxquels l'absence des préoccupations matérielles laisse le loisir des travaux métaphysiques, il n'est pas de questions plus angoissantes que celles de l'existence de Dieu et de l'immortalité de l'âme, ces deux grands postulats de la vie humaine. Grave problème qui se dresse à l'entrée et se représente à l'issue de toute discussion religieuse ou philosophique. Ce sujet d'obsession perpétuelle a tourmenté tous les penseurs et a abrégé les jours de Pascal.

« D'où viens-je? Où vais-je? »

C'est là un tourment moral avec le cortège de ses doutes poignants que le Dieu infiniment bon du catholicisme a eu grand tort de jeter au milieu de tous les autres maux — beaucoup plus graves — dont il a doté sa création. Il n'arrêterait pas un seul instant ceux qui se proposent de résoudre des questions plus immédiates et contingentes au bonheur humain, notre principal but, si nous ne voyions dans les religions le pivot sur lequel s'étayent tous les préjugés malsains et absurdes qui s'opposent à notre affranchissement en embastillant nos consciences, en asservissant nos âmes. Faisons tout d'abord remarquer la mauvaise foi de nos théologiens qui, à tout argument, opposent l'autorité de la révélation, métaphore dont l'histoire religieuse a de la peine à se passer. Y a-t-il une controverse possible avec des gens qui seraient vraiment trop bons de descendre sur le terrain de la discussion quand ils peuvent si facilement se réfugier dans la région si commode des mystères? Partir de l'absurde est un piteux moyen de déduction pour arriver à une démonstration marquée au coin de la raison.

Le dogme catholique, sans compter les mystères — autant d'oasis où se désaltérera l'apôtre orthodoxe assoiffé d'arguments — repose sur trois mots : *déchéance, rédemption, récompense* ou *peine* éternelle.

L'hypothèse de la déchéance par suite du péché originel est aussi injuste en principe qu'attentatoire à la dignité de l'homme. Injuste, parce que ce Dieu juste et bon nous ferait supporter le châtiment d'une faute qui n'est pas la nôtre; attentatoire à sa dignité, car le travail, les combats de la vie pour le grand, le juste, le beau, sont autant d'appels à ses facultés et le signe de sa grandeur. Que deviendrait le bonheur toujours inhérent à tout effort, si l'homme était voué à l'inepte oisiveté du paradis terrestre? Loin de blâmer, en la supposant vraie, la faute du premier homme, nous nous écrierions plutôt avec saint Augustin : « Heureuse faute »! Puis le paradis aurait-il pour nous plus de raison de séductions que le paradis passé? Supprimer dans l'univers tout principe d'activité, vouer la création tout entière à un sommeil éternel, c'est tout simplement sous des formes pompeuses proclamer le régime du néant. Eh quoi! plus de temps, de changements, plus d'efforts vers le beau, vers le vrai, vers le juste, plus de combats, plus de vie! Que font tous ces élus, sans vertus ni vices, les bras en croix, la bouche bée, les yeux papillotants, dans l'attitude de morphinomanes, cloués comme des fantômes sur les gradins du ciel?

Passe encore le paradis de Mahomet. Ses élus pourront se rafraîchir dans les grands fleuves, à l'ombre du gigantesque *tuba* (arbre du bonheur), goûter des vins exquis servis sur des plats d'or et s'enivrer du regard des houris aux yeux noirs. Mais le ciel des catholiques! Nous nous écrions avec Jean Raynaud (*Ciel et Terre*) : « Ah! Christ! que ce paradis m'épouvante, et que je préfère ma vie avec ses misères, ses tribulations et ses peines que cette *immortalité* avec sa paix béate! » En dépit de l'imagination la plus idéaliste, cette conception du ciel n'est pas heureuse.

En revanche, celle de leur enfer est effroyable. Tout sentiment d'équité en est banni et sont punies de la même éternité de supplice les fautes légères et les plus graves. La moindre lueur de bonté humaine n'éclaire même pas les farouches sombreurs de cet antre épouvantable dans lequel la justice divine, impitoyable, précipiterait les pauvres mortels. Non, non, cela ne se discute même point. Dans l'affreuse fiction de l'enfer, nous ne saurions voir que la chiourme, le bagne d'un Dieu — féroce ou jaloux — qui, après n'avoir rien fait pour sauver l'humanité du doute, la condamnerait de ce fait aux geôles, aux tortures et aux éternels bûchers.

Et enfin nous ne voyons ici et là que calcul vil et intéressé. D'une part des gens agenouillés et qui « font le sage » pour gagner un peu de paradis, comme le chien « fait le beau » pour obtenir un morceau de sucre. Calcul cynique et éhonté d'autre part d'une secte qui, pour établir sa domination par la crainte, agite le spectre d'un enfer imaginaire, pour qu'on ne voie pas l'enfer réel, celui de l'autorité, dans lequel nous nous débattons.

Tout le monde connaît la théorie biblique de la création prêtant à l'esprit tout puissant, en mal d'ennui et à la recherche de divertissements, le caprice de *créer* (de quoi ?) les mondes et les êtres. La Bible ajoute qu'il ne fallut pas moins de six jours à cet omnipotent pour consommer son œuvre, qu'il se plaît maintenant à contempler du haut des lucarnes de l'infini. La science contemporaine devait accueillir par un immense éclat de rire cette invention saugrenue. Nos théologiens dépités, s'apercevant que leur « bateau » ne tenait pas aussi bien sur le déluge des sarcasmes que l'eût fait l'arche de Noé, cherchèrent bien vite à le radouber d'un peu de modernisme.

Ils imaginèrent alors des époques de création et pour chaque époque un de ces grands coups de théâtre qu'on nomme des *révolutions*, où ils firent intervenir brusquement et directement la cause créatrice. C'était ainsi que cette cause, à chaque transformation, aurait de sa puissante main, aidé la nature à franchir les abîmes ouverts entre les règnes, les genres et les espèces, pour s'élever de la matière diffuse à la formation des corps célestes et, dans le globe terrestre, de la matière inorganique à la matière vivante, enfin des ébauches les plus informes aux plus parfaits exemples de la création vitale. Cette théorie a pu régner quelque temps dans le monde savant. Facile à saisir, faite pour frapper l'imagination par le tableau de ces genèses improvisées au sein de cataclysmes foudroyants, elle a eu un moment pour elle l'autorité des plus grands noms de la science.

Mais bientôt la théorie de l'évolution, basée sur l'expérimentation et l'observation scientifique, allait faire craquer cette frêle doublure théologique. « Rien n'est création, proclame-t-elle en le démontrant, tout est transformation dans l'œuvre de la vie universelle ».

Nos casuistes qui ne se tiennent jamais pour battus, même devant l'évidence des faits, crièrent aussitôt « à la révélation ». C'était, avec le vieux, vouloir faire du neuf.

« Eh bien et la révélation ? Que pouvez-vous contre la création révélée ? Et si vous admettez la révélation, vous admettez tout le reste ! »

Ici une réponse un peu substantielle s'impose et pour répliquer péremptoirement, nous devons entrer dans le vif de la théologie.

***

La théologie ou l'ensemble des traités concernant l'ensemble des connaissances religieuses se divise en *dogmatique* et en *morale*.

La *dogmatique*, outre les Prolégomènes, comprenant les discussions relatives aux sources de l'autorité divine, se divise en quinze traités ayant pour objet les dogmes du christianisme. A la base est le traité de la *Vraie Religion* où l'on essaie de démontrer le caractère surnaturel de la religion chrétienne, c'est-à-dire des Ecritures révélées et de l'Eglise.

La *morale* se compose d'une douzaine de traités, comprenant tout l'ensemble de la morale philosophique et du droit religieux, complétés par la révélation et les décisions de l'Eglise. Tout cela fait une sorte d'encyclopédie très fortement enchaînée. C'est un édifice dont les pierres sont liées par des tenons de fer ; mais la base ? La base est d'une faiblesse extrême. Cette base c'est le traité de la *Vraie religion*, lequel est tout à fait ruineux. Car non seulement on n'arrive pas à démontrer que la religion chrétienne soit plus particulièrement que les autres divine et *révélée*; mais on ne réussit pas à prouver que dans le champ de la réalité attingible à nos observations, comme on le démontrera au chapitre 3, il ne se soit jamais passé un fait surnaturel, un miracle. L'inexorable phrase de Littré : « Quelque recherche qu'on ait faite, jamais un miracle ne s'est produit là où il pouvait être observé et constaté », cette phrase, dis-je, est un bloc qu'on ne remuera point. On ne saurait prouver qu'il soit arrivé un miracle dans le passé et nous attendrons sans doute longtemps avant qu'il s'en produise un dans les conditions correctes qui, seules, donneraient à un esprit juste la certitude de ne pas être trompé. (Voir *Miracles*.) Où sont les gens intelligents et libres de préjugés qui ont fait de pareilles constatations ? Les esprits, les revenants, les miracles n'ont jamais été vus que par des enfants, de pauvres bergères, des hallucinés, des simples ou des superstitieux.

L'église catholique s'oblige à soutenir que ses dogmes ont toujours existé tels qu'elle les enseigne, que Jésus a institué la confession, l'extrême-onction, le mariage, qu'il a enseigné.... ce qu'ont décidé plus tard les conciles de Nicée et de Trente. Rien de plus inadmissible. Le dogme chrétien s'est fait comme toute chose, lentement, peu à peu, par une sorte de végétation intime. La théologie en prétendant le contraire entasse contre elle des montagnes d'objections, s'oblige à rejeter toute critique. Pour s'en rendre compte, il n'y a qu'à lire dans une théologie le traité des sacrements ; on y verra très clairement que c'est par des *suppositions gratuites*, dignes des apocryphes, qu'on arrive à prouver que tous les sacrements ont été établis par Jésus-Christ à un moment de sa vie, en supposant que celui-ci ait existé.

L'orthodoxie a réponse à tout et n'avoue pas une bataille perdue. Certes, la critique elle-même veut que, dans certains cas, on admette une réponse subtile comme valable. Le vrai peut quelquefois n'être pas vraisemblable. Une réponse subtile peut paraître vraie. Deux réponses subtiles peuvent même à la rigueur être vraies à la fois. Trois, c'est plus difficile. Quatre, c'est presque impossible. Mais que pour défendre la même thèse, dix, cent, mille réponses subtiles doivent être admises comme vraies à la fois, c'est la preuve que la thèse n'est pas bonne. Le calcul des probabilités appliqué à toutes ces petites banqueroutes de détail est pour un esprit sans parti-pris d'un effet accablant. Or la première condition pour trouver la vérité est de n'avoir aucun parti-pris.

Une seule erreur prouve qu'une église n'est pas infaillible ; une seule partie faible prouve qu'un livre n'est pas révélé. Dans un livre divin, aucune contradiction ne pourra être admissible. Or une étude attentive de la Bible prouve que ce livre, pas plus qu'aucun livre antique, n'est exempt de contradictions, d'inadvertances, d'erreurs. Il s'y trouve des fables, des légendes, des traces de composition tout humaine.

Ecoutez Renan qui, nourri dans le sérail, en connut les détours : « Il n'est plus possible de soutenir que la seconde partie d'Isaïe soit d'Isaïe. Le livre de Daniel, que toute l'orthodoxie rapporte au temps de la captivité, est un apocryphe composé en 169 ou 170 avant Jésus-Christ. Le livre de Judith est une impossibilité historique. L'attribution du Pentateuque à Moïse est insoutenable et nier que plusieurs parties de la Genèse aient le caractère mythique, c'est s'obliger à expliquer comme réels des récits tels que celui du paradis terrestre, de la pomme, de l'arche de Noë, etc. Or, on n'est pas catholique si l'on s'écarte sur un seul de ces points de la thèse traditionnelle. Le « tout ou rien » devient en théologie un bloc duquel on ne peut rien distraire. Que devient alors ce miracle, si fort admiré de Bossuet : « Cyrus nommé deux cents ans avant sa naissance ? ». Que deviennent les soixante dix semaines d'années, bases des calculs de l'*Histoire Universelle*, si la partie d'Isaïe où Cyrus est nommé a été justement composée du temps de ce conquérant et si pseudo-Daniel est contemporain d'Antiochus Epiphane ? ».

Je répète qu'il suffit que l'apologétique ait tort une seule fois pour que la thèse de la révélation soit mise à néant.

Cette théorie de l'inspiration, impliquant un fait surnaturel, devient impossible à maintenir en présence des idées arrêtées du bon sens moderne. Un livre inspiré est un miracle. Et un miracle, surtout dans les conditions contradictoires et erronées dans lesquelles on nous le présente, est impossible.

Parallèlement à ce réquisitoire antireligieux dicté par la simple raison, les démonstrations si claires et si écrasantes de la géologie et de l'archéologie viennent mettre à néant, nous le démontrerons plus loin, les ridicules légendes bibliques, relatives à la création du monde et de l'univers.

La Bible prétend que l'homme a été créé il y a cinq à six mille ans. Les travaux des égyptologues, basés sur des fouilles et des découvertes nombreuses aussi bien que sur l'interprétation des inscriptions hiéroglyphiques, ont *démontré* qu'il existait, à cette *prétendue* époque de création, des traces de vie humaine s'exerçant avec un degré de culture intellectuelle et de civilisation extrêmement remarquable dans l'antique contrée du Nil. Les découvertes de l'archéologie ont prouvé aussi que *l'homme* était contemporain des grands mammifères de la période diluviale, aujourd'hui en partie éteints ou ayant quitté l'Europe, et qu'il existait déjà dans une époque géologique bien antérieure à la nôtre.

Il est passé, le temps où le phénomène de l'apparition de l'homme sur la terre semblait si mystérieux et si obscur. La science, qui a le droit de parler haut, proclame que le phénomène de la révélation n'a pu avoir lieu, que les écrits appelés divins sont entachés d'erreurs tout humaines, que les récits de la Bible relatifs à la création sont mensongers. Elle démontre, comme il va être fait plus loin, que l'homme, cet être supérieur, est au contraire le produit du développement graduel et lent du monde animal ambiant et que l'ébauche et le germe de toutes ses facultés, aussi bien physiques qu'intellectuelles, se retrouvent manifestement dans les êtres inférieurs à lui.

II

OU EST DIEU ?

Encore nous faudrait-il trouver une volonté. Ce Dieu agissant doit pouvoir et par conséquent vouloir. Où est-elle, cette volonté de l'Être suprême ? Partout nous la cherchons, nulle part nous ne la trouvons.

Une chose absolument hors de doute, c'est que dans

l'univers accessible à notre expérience on n'observe et on n'a jamais observé aucun fait provenant d'une volonté ni de volontés supérieures à celle de l'homme. La constitution générale du monde est remplie d'intentions au moins apparentes ; mais, dans les faits de détail, absolument rien d'intentionnel. Ce qu'on attribue aux anges, aux démons aux dieux particuliers, régionaux, planétaires, ou même à un Dieu unique, agissant par des volontés particulières, n'a aucune réalité. De notre temps, rien de ce genre ne se laisse constater. Des textes écrits, si on les prenait au sérieux, feraient croire que de tels faits se sont passés autrefois ; mais la critique historique montre le peu de crédibilité de pareilles narrations. L'Ancien et le Nouveau Testament sont remplis d'erreurs et de contradictions historiques démontrées d'ailleurs par Renan, Strauss, Karl Wogt, etc.

Y a-t-il trace d'une volonté extérieure dans l'état actuel ? Y a-t-il acte d'une volonté supra-terrestre ?

Nous n'en voyons pas.

L'état que nous avons devant nous est le résultat de développements successifs dont nous ne saisissons pas le commencement. Et avant l'apparition de l'homme ou, si l'on veut, des êtres vivants, nous ne découvrons dans les innombrables mailles de cette chaîne aucun acte libre. Ce qui ne s'est jamais vu, c'est *l'intervention d'un agent supérieur pour corriger ou diriger les forces aveugles, éclairer ou améliorer l'homme, empêcher un affreux malheur, prévenir une injustice, préparer les voies à l'exécution d'un plan donné.* Nulle part l'idée d'intention, l'intentionnel se trahissant presque toujours par le manque de géométrie et l'à peu près.

De même que nous ne voyons pas au-dessus de nous trace d'intelligence agissant en vue de fins déterminées, nous n'en voyons pas non plus au-dessous. La fourmi, quoique très petite, est plus intelligente que le cheval ; mais si, dans l'ordre microbique, il y avait des êtres très intelligents, nous nous en apercevrions à des actions réfléchies émanant d'eux. Or l'action de ces petits êtres, qui sont la cause de presque tous les phénomènes morbides, a si peu de portée qu'il a fallu une science très avancée pour l'apercevoir ; à l'heure qu'il est, leur action se confond presque encore avec les forces chimiques et mécaniques. Donc, d'après notre expérience, bornée sans doute, l'intelligence paraît limitée au règne du fini : au-dessus et au-dessous, c'est la nuit.

« Le nombre infini des coups fait que tout arrive, dit Renan, et que des buts atteints par hasard semblent atteints par volonté. Notre univers expérimentable n'est gouverné par aucune raison réfléchie. Dieu, comme l'entend le vulgaire, le Dieu vivant, le Dieu agissant, le Dieu providence ne s'y montre pas. »

III

LOIS NATURELLES

Miracles et Sorcelleries

Comme nous allons le voir plus loin, la nature est déterminée dans son éternel mouvement, dans sa transition incessante du passé au « devenir », dans ses constructions et ses décompositions, par l'action commune des *lois* naturelles. Que ce mot de lois ne réveille pas ici des idées fausses, par analogie avec ce qu'on appelle *lois humaines*. Ici l'analogie n'est pas réelle : la nécessité absolue qui relie entre eux les choses et les phénomènes dans la nature n'ont rien de commun avec les décisions éphémères et arbitraires des législateurs. Les lois naturelles ne sont ni à côté ni en dehors de la matière ou de la nature : c'est ici, simplement, une expression pour désigner les propriétés ou les mouvements qui lui sont irrévocablement unis. Si les lois humaines ou antinaturelles supposent nécessairement un législateur ou une volonté prépondérante — qu'elle vienne d'un seul ou de la collectivité — il n'en est pas de même pour ce que la science appelle *lois naturelles*, qui ne régissent nullement la matière ou la nature, mais qui ne font qu'un avec elle, en constituent l'essence.

Il suit de là — comme l'expérience l'a ainsi établi — que les lois naturelles sont immuables, c'est-à-dire indépendantes de toute volonté, de toute influence extérieure et qu'on doit les considérer comme éternelles, tout aussi bien que la matière et la nature. Rien n'arrive dans la nature, qu'il s'agisse du fait le plus anodin ou du plus considérable, que comme conséquence des lois naturelles. Une nécessité inflexible, impitoyable, domine la masse entière et le cours de la nature. « Les lois naturelles, dit Moleschott, sont l'expression la plus rigoureuse de la nécessité. » Pas de restriction, pas d'exception. Aucune puissance au monde ne peut échapper à cette nécessité inexorable. Une pierre qui n'est pas soutenue tombera toujours et tombera vers le centre de la terre. Jamais ordre ne sera donné et ne pourra être donné pour arrêter le soleil dans sa course. Galilée fut persécuté par les jésuites pour avoir démontré cette vérité qui mettait leur ami Josué en si mauvaise posture.

Nous pouvons affirmer aujourd'hui en pleine connaissance de cause, appuyée sur l'expérimentation et la certitude scientifique : IL N'Y A PAS DE MIRACLES.

Les faits sont soumis à une action régulière et tout ce qui arrive est arrivé ou arrivera d'une manière naturelle. Le lit des fleuves, la situation orographique et hydrographique, la disposition des astres, tout cela a été réglé par le jeu de ces mêmes forces naturelles que nous voyons encore déplacer les mers et les montagnes, régler le cours des corps célestes et susciter la vie: tout cela s'est effectué en vertu de la plus rigoureuse nécessité. Là où le feu et l'eau se rencontrent, il y a nécessairement production de vapeurs dont la force s'exerce sur tout le voisinage. Là où le grain tombe en terre, il faut qu'il germe. Là où la foudre est attirée, il faut qu'elle tombe. Là où deux corps doués d'affinité l'un pour l'autre se rencontrent, il faut qu'ils s'unissent ; dans d'autres cas, qu'ils se séparent, etc. Comment pourrait-on douter de ces vérités !

« Partout, dit Schneider, nous ne voyons en jeu que les lois naturelles, immuables et des causes aveugles. Aussi depuis longtemps l'astronomie, la physiologie, la physique, la chimie ont-elles banni le spectre d'un Dieu s'ingérant dans les faits de la nature ; aucun chimiste ne songe aujourd'hui à rapporter à la volonté d'un Dieu la combinaison de deux éléments et aucun physicien ne voit dans les phénomènes de l'attraction la manifestation de cette volonté ».

Les violations de l'ordre naturel ont été appelés MIRACLES. Il y en a eu, paraît-il, de tout temps un grand nombre. Ils tirent leur origine de l'imposture préméditée, en partie de la superstition et aussi de cette passion singulière pour le merveilleux et le surnaturel qui semble constituer une des marques indélébiles de la nature humaine. De même que chez l'individu les passions touchent de près aux dérangements de la raison, de même dans la société les troubles intellectuels et moraux qui se généralisent tiennent de près aux entraînements collectifs, aux émotions dominantes, aux hallucinations miraculeuses qui ont surtout agité le moyen-âge.

De notre temps aussi on peut apercevoir des causes analogues à celles qui jadis ont agi collectivement sur les esprits. Des ébranlements ont, à de courts intervalles, troublé la société, inspiré aux uns des terreurs inouïes, aux autres des espérances illimitées. Dans cet état le système nerveux est devenu plus susceptible qu'il n'était. D'un autre côté quand le sol social semblait manquer, bien des esprits faibles se sont retournés avec anxiété vers les idées religieuses comme vers un refuge, et ce retour n'était pas pur de tout alliage; il se faisait en présence des idées opposées qui conservent leur part d'ascendant, et en présence des idées scientifiques qui ont imposé un grand respect, même à ceux qui en redoutent l'influence. Mais la « névrose des âmes » a failli se consommer sous le souffle empoisonné de cette sinistre croyance aux miracles religieux — magiques ou mystiques. Les peuples sauvages et les gens sans instruction ne croient-ils pas aux revenants, aux jettatori, aux miracles, au diable, aux sorciers ? Les annales de la sorcellerie, de la possession, de la vision, de l'extase, de la convulsion sont très considérables. Rien de nouveau ne se manifeste aujourd'hui. Quelque loin que l'on remonte dans l'histoire, on aperçoit de nombreuses traces qui témoignent que nul siècle n'a été exempt de telles perturbations. Elles renaissent, pour périr; elles périssent pour renaître; elles sont comme les maladies qui ne quittent jamais l'espèce humaine et que l'on retrouve aussi bien dans les antiques sociétés que dans les modernes avec un fonds toujours le même. Cependant on n'a signalé nulle part ailleurs que dans l'événement contemporain, à ma connaissance du moins, les tournoiements de table, cette agitation de meubles, les tapotements, les bruits de scie ou de marteaux, des rugissements de vent ou de tempête, des concerts de voix humaines ou d'instruments de musique, etc., toutes balivernes exploitées aujourd'hui par les catholiques, genre chanoine Brettes, navrés de la désertion des cultes et qui, de complicité avec tous les anges du ciel, cherchent à escroquer la bêtise d'ici-bas.

Ce serait faire injure au lecteur que de chercher à lui démontrer l'inanité de pareilles idioties. Qu'il consulte l'histoire des religions et il pourra constater que tout fondateur de religions a jugé à propos de faire son apparition dans le monde avec le cortège indispensable des miracles. Il est seulement regrettable qu'à la suite de ces bons apôtres du surnaturel tant d'esprits sérieux se soient laissé entraîner sur le chemin du ridicule.

En face de la science tous les miracles se valent : Josué arrêtant le soleil, Moïse passant la Mer Rouge à pied sec, Jonas dans l'estomac de la baleine, les hystéromanies de Marie Alacoque ou de Bernadette, la démonomanie du curé d'Ars, les prophéties de Mlle Lenormand ou les capucinades de Mlle Couesdon, sont des histoires ridicules à reléguer au nombre des contes de grand'mère. « Tout miracle, dit Cotta, nous prouverait s'il était réel, que la « création » ne mérite pas le respect que nous lui devons tous et les mystiques devraient nécessairement conclure de l'imperfection des choses créées à l'imperfection du Créateur. »

. Il est assez étonnant de croire à l'action d'une main toute-puissante, d'un bras réparateur, d'une puissance miraculeuse, et de ne pouvoir découvrir au sein des formes organiques ou inorganiques qui se renouvellent incessamment sur la terre, l'action d'une intelligence directrice. Cet instinct formateur de la Nature est tellement aveugle, tellement dépendant des circonstances extérieures qu'il donne souvent naissance aux productions les plus singulières et les moins conformes au but. Dans beaucoup de cas, il est impuissant à surmonter les plus faibles obstacles et il atteint quelquefois une fin en contradiction avec l'intelligence et la raison. Jamais, et en aucun cas, on a trouvé la trace d'une création directe, jamais un miracle, c'est-à-dire un fait surnaturel, ne s'est produit. Tout, au contraire, contredit cette hypothèse et, seule, l'activité éternelle et toujours changeante des lois de la Nature doit être considérée comme le principe de toute naissance et de tout dépérissement. L'univers est le résultat d'un développement graduel, de l'accumulation lente et sûre de circonstances et de modalités successives. Le monde s'est constitué avec

— 15 —

les éléments dispersés dans l'espace à l'origine et qui se sont peu à peu rapprochés de façon à constituer des formes déterminées. Mais admettre que la terre, la lune, le soleil, les étoiles ont été créés en six jours, avaler les bourdes de l'histoire sainte, accepter les pitreries de l'occultisme et de la magie, gober des cocasseries telles que la *présence réelle, la Vierge mère, un seul Dieu en trois personnes, la resurrection de Lazare, les miracles de la Salette*, etc., c'est se coiffer volontairement du bonnet d'âne.

Tout ce qui suit dans ce recueil corroborera scientifiquement du reste ce qui vient d'être dit sous la forme peu démonstrative de l'affirmation.

IV

MAGNÉTISME. — SOMNAMBULISME. —

HYPNOTISME.

Les cléricaux aux abois devaient faire flèche de tout bois. Toutes les jongleries grossières furent mises en pratique pour démontrer l'existence de forces et de manifestations surnaturelles et supra-sensibles à l'aide desquelles on s'est efforcé de montrer un point d'union incontestable entre le monde des esprits et celui des hommes. Les sciences (1) occultes devaient être en quelque sorte la porte de communication à travers laquelle pénétrerait l'explication de l'existence transcendante, du royaume de la divinité, des esprits sur la vie future, etc. Qu'on ne crie plus ici aux classes ignorantes: Les sorciers, les magiciens, les mauvais esprits, les tables tournantes, les esprits frappeurs trouvaient comme dignes successeurs les magnétiseurs, les mages, les fluidomanes de la haute société.

Le magnétisme faisait son apparition au commencement de ce siècle avec grand fracas. Le sommeil magnétique qui se produit par des « passes » longtemps prolongées, tantôt sans cause extérieure et déterminée dans le somnambulisme spontané a pour conséquence, à ce que l'on prétend, un *état extatique de l'âme*. Une fois dans cet état d'extase, les sujets jouissent des facultés intellectuelles qui ne leur appartiendraient pas en propre; ils parlent avec facilité des langues ou des dialectes qu'ils n'ont jamais appris, discourent sur des choses étrangères à eux lorsqu'ils sont en état de veille. Les adeptes prétendent que le sujet peut alors apprécier exactement des choses qui sont hors de la portée naturelle des sens ; il peut lire des lettres fermées, deviner la pensée des autres, voir dans l'avenir, recevoir les confidences des anges, etc.

Cette faculté de percevoir en dehors de la portée naturelle des sens est absolument impossible. C'est une loi de nature à laquelle personne ne peut échapper, qu'on ait besoin d'oreilles pour entendre, de cerveau pour comprendre, d'yeux pour voir et que la portée des sens soit limitée à un certain espace qu'ils ne peuvent franchir. Personne n'est en état de lire une lettre fermée, de voir en Asie ce qui se passe en Océanie, de deviner l'avenir, de faire en un mot quoi que ce soit qui dépasse la somme de ses connaissances ou celle de ses capacités. Ces vérités reposent sur des lois de nature immuables et qui, par analogie avec les lois physiques, ne souffrent aucune exception.

Mais la science, qui a le tort de se mêler de tout, ne devait pas tarder à s'occuper de la question et à découvrir l'ignorance ou la supercherie des pontifes de l'occultisme. Ce furent les médecins qui prirent un ascendant sur la question et détournèrent le cours des opinions dominantes.

Ils constatèrent chez tous les sujets soumis aux passes magnétiques, qu'il se produisait des dérangements nerveux parfaitement caractérisés. A la suite de ces influences dites fluidiques, il survenait des tremblements, des convulsions, des raideurs tétaniques, des mouvements spontanés, des troubles dans les sens, des perversions de la sensibilité, des paralysies, tous accidents relevant de la connaissance du médecin. Et pour l'homme de l'art il n'y a dans tout cela rien de surnaturel. Il sait comment, la vie une fois donnée et allumée, les actes s'en produisent et s'en manifestent. Il sait l'influence des viscères sur le cerveau, du cerveau sur les viscères; il connait le réseau des nerfs qui unit le centre à la circonférence et la circonférence au centre : le lit des malades l'a familiarisé avec des désordres tout semblables, et quand il voit un muscle paralysé ou contracté, il est disposé à chercher si c'est dans le nerf, dans la moelle épinière ou dans le cerveau que gît la cause du mal.

C'est ainsi que la pathologie diagnostiqua bien vite *l'hypnotisme*. L'hypnotisme est une forme artificielle de somnambulisme, un état de sommeil ou d'assoupissement, accompagné d'insensibilité ou de rigidité musculaire et de paralysie partielle des organes des sens. Il est produit *artificiellement* par une action exercée sur les nerfs de ces organes ou sur ceux de la peau, qui imprime un trouble fonctionnel à quelques portions de l'écorce cérébrale. Il appartient davantage au domaine de la pathologie qu'à celui de la physiologie, car seules un très petit nombre de personnes y sont prédisposées par l'état un peu anormal de leur système nerveux ou par une altération du sang. Il ne peut pas plus être question ici d'une force spéciale du magnétiseur ou de l'expérimentateur que du développement des facultés surnaturelles, toutes les tentatives faites dans cette direction ayant complétement échoué : *tout se passe de la façon la plus naturelle du monde.* Beaucoup de faits dont le public ne pouvait se rendre compte dans les séances de magnétisme animal et qui sont loin d'être dénués de tout intérêt scientifique, tels que l'action magnétique à distance, l'insensibilité, l'extériorisation de la sensibilité (expériences de M. de Rochas), etc. sont dûs tout simplement à l'hypnose. Des recherches précises sur cet état intéressant à tous égards ne se feront pas longtemps attendre et contribueront à reléguer dans les vieux cartulaires les ridicules balivernes que les partisans de l'occulte s'étaient plû à greffer sur la théorie grotesque des mystères.

D'ailleurs à quoi bon prolonger cette discussion, dont la place n'est pas ici? Vous êtes en communication, dites-vous, avec les esprits qui pénètrent à travers la matière impénétrable, avec le prince de l'univers ou de l'enfer, pour qui les plus grandes merveilles ne doivent être qu'un jeu, avec les âmes des morts qui habitent des séjours interdits aux frêles humains, avec tous ces êtres en un mot immatériels et puissants pour qui rien n'est caché et rien n'est impossible : par conséquent vous pouvez et vous savez. Eh bien! donnez des preuves de votre pouvoir et de votre savoir. Mais point. Tout se borne aux plus pauvres manifestations, et l'on ne sait que remuer des meubles, ébranler des portes et des fenêtres, produire du sommeil, du son ou des lumières, susciter des prophéties absurdes, tronquer de simples hallucinations pour des « voix de Dieu », entendues seulement par des enfants, des bergères (Jeanne d'Arc, Lourdes, La Salette, etc.), des hallucinés ou des superstitieux. De sorte qu'on peut dire sans exagération que la foi touche bien souvent aux dérangements de la raison.

V

MATIÈRE ET VIE PARTOUT

Les spiritualistes, cherchant, comme nous venons de le voir, midi à quatorze heures, et fâchés que la vérité soit si simple, s'évertuent donc à imposer l'idée de création de la matière par une force. Cette force serait Dieu. Les matérialistes, eux, démontrent que ni la matière n'a pu créer la force, ni la force n'a pu créer la matière.

Nous appuyant sur les travaux scientifiques récents, nous allons voir que force et matière ne font qu'un et que par conséquent ce qui ne peut se séparer n'a jamais existé séparément. Je divise la démonstration en trois parties :

1° **Pas de matière sans force;**
2° **Pas de force sans matière;**
3° **Hypothèse d'une force créatrice surgissant du néant.**

Pas de matière sans force

Physiquement. — La physique ou la science qui a pour objet l'étude des propriétés des corps et de l'action qu'ils exercent les uns sur les autres, nous fait connaître sept ou huit forces, inhérentes aux substances et qui constituent le monde. Ce sont la pesanteur, la chaleur, la lumière, l'électricité, le magnétisme, l'affinité chimique, la cohésion ou attraction moléculaire, la forme moléculaire. Il n'y a aucun exemple de particules qui ne soient douées de forces ou qui ne leur doivent leur activité. La matière n'arrive à faire impression sur nos sens que par l'intermédiaire des forces qui lui sont unies ou qui agissent en elles. Ainsi un morceau de plomb presse sur la main qui le tient, uniquement par la force d'attraction de la terre : ce qui nous donne le sentiment de la pesanteur. Quand un corps sonore a été frappé, ses molécules éprouvent aussitôt un mouvement de *vibration* ou *d'ondulation*. L'air qui environne ce corps participe à ce mouvement et forme autour de lui des ondes sonores qui ne tardent pas à parvenir à l'oreille : c'est le son. Tous les corps ont la propriété d'attirer, dans certaines circonstances, les corps légers environnants, d'émettre des étincelles, de causer des commotions nerveuses chez les animaux : cette force s'appelle *électricité*. On a donné à la propriété qu'a l'aimant d'attirer le fer le nom de *magnétisme* et par extension on a donné le nom de *magnétisme animal* à l'influence, vraie ou supposée, qu'un homme peut exercer sur un autre homme, au moyen de mouvements appelés passes, etc.

La pesanteur, la cohésion et l'affinité étant considérées comme forces au repos ou de tension, les autres comme des forces actives, toutes peuvent se transformer dans un processus où rien ne se perd.

Exemple, par la combustion, cette synthèse des affinités chimiques, il se produit de la chaleur et de la lumière. La chaleur est ensuite transformée à l'état de vapeur en force mécanique qui peut être utilisée, par exemple, à l'aide de la machine à vapeur. Cette force mécanique peut de nouveau être transformée en chaleur par le frottement et à l'aide de la machine électro-magnétique en chaleur, en électricité, en magnétisme, en lumière et en affinité chimique. La chaleur développée par la combustion dans la locomotive se change en mouvement imprimé aux wagons. Qu'y a-t-il donc à faire pour arrêter un train, étant donnée que la force mécanique qui l'entraîne ne peut être détruite, mais seulement transformée ? On fait jouer le frein et le train s'arrête parce que le mouvement se change en chaleur comme on le voit à la fumée et aux étincelles produites par le frottement. — Dans la machine électrique le bras qui tourne le plateau engendre une force qui se transforme en tension et en courant électrique. — Le choc des corps produit une force mécanique qui se transforme en chaleur, comme on le constate sur le fer sous le marteau du forgeron ou sur deux boules non élastiques. Sur des boules élastiques, telles que des billes de billard on ne produit pas d'échauffement parce qu'elles transmettent par le contre-coup la force mécanique qui leur a été communiquée. Quand un boulet de canon vient frapper le flanc d'un vaisseau cuirassé, un éclair étincelant et une lueur rouge prononcée à l'endroit touché indiquent que le choc a transformé en chaleur le mouvement du boulet, etc

Intellectuellement. — On ne peut concevoir l'idée de matière sans forces. On ne peut imaginer une substance primitive sans supposer entre ses plus petites parties un système d'attraction et de répulsion pour produire les modifications subséquentes, et en rapport, réglé ou déterminé par des forces, entre ces parties, de manière à ce que leurs propriétés soient transmises aux combinaisons ou aux productions qui en résultent.

— ◆ ·|·|· ◆ —

Pas de force sans matière

Seules, la superstition ou l'ignorance des âges primitifs pouvaient admettre dans la nature l'existence de forces actives en dehors de la matière : aujourd'hui de pareilles suppositions sont absolument bannies de la science. Nous ne pouvons nous baser pour conclure à l'existence réelle d'une force que sur les propriétés, les modifications ou les mouvements que nous percevons dans la matière. Et, suivant l'analogie ou la différence de leurs manifestations, nous les avons désignées sous des noms différents de forces. Il est tout à fait impossible d'en prendre connaissance d'une autre façon. Si on imaginait une électricité, un magnétisme, une pesanteur, une chaleur, une affinité chimique, etc. en dehors des corps sur lesquels on a observé les manifestations de ces forces, resterait-il autre chose qu'une abstraction vide, une notation, ne pouvant servir qu'à rappeler à notre esprit une certaine classe, une certaine série de manifestations de la matière. Une idée réelle de ce que sont les forces en elles-mêmes, ou de ce qu'elles seraient sans la matière, nous échappe complètement. Il ne peut donc être question d'*électricité*, à proprement parler, mais seulement de matière électrisée ou dans un état électrique. Il ne peut être question de *pesanteur*, à proprement parler, mais seulement de corps exerçant une pression par l'intermédiaire de l'attraction, etc.

Une force ne peut pas plus exister sans matière que la vision sans organe visuel ou l'intelligence sans organe intellectuel. Il n'est jamais venu à l'idée de personne d'affirmer que la faculté sécrétoire puisse exister indépendamment de la glande, la contractilité indépendamment de la fibre musculaire.

Je tire de cette notion aussi simple que naturelle la conséquence philosophique générale suivante :

C'est que les gens qui parlent d'une force créatrice extérieure et surnaturelle ayant tiré le monde d'elle-même ou du néant se mettent en contradiction avec les premiers et les plus simples principes d'une conception de la nature basée sur l'expérience et la réalité. Ni la force n'a pu créer la matière, ni la matière la force, car nous avons vu que l'existence distincte de l'une ou de l'autre n'est ni possible dans la réalité, ni même concevable. Or ce qui ne peut se séparer, je le répète, n'a jamais existé séparément. Le monde n'a pu provenir du « néant ». *Rien* est un non-sens au point de vue objectif et subjectif : c'est surtout la négation de toute existence. Rien ne peut jamais devenir *quelque chose* et réciproquement.

Le monde ou la matière, avec ses propriétés, ses modes, ses manières d'être ou ses mouvements que nous appelons forces doit avoir été et sera de toute éternité : en d'autres termes, le monde n'a pu être créé. Si l'on voulait admettre une telle création, il faudrait d'abord démontrer qu'il est possible ou même concevable que quelque chose puisse provenir de rien. Il faudrait encore démontrer qu'il est possible ou concevable que la force créatrice considérée comme cause première du monde ait pu exister avant la création sans créer, et en quelque sorte dans un état d'inactivité, ce qui est une impossibilité plus grande encore. L'idée d'une force créatrice inactive, sans réalité existant en dehors d'elle est aussi absurde que celle d'une force sans matière. D'autre part si l'on admet un chaos primitif au sein duquel la force créatrice aurait apporté l'ordre et la réunion à une époque déterminée, on abandonne alors l'idée d'une véritable création et on revient à celle de l'éternité du monde qui exclut, comme on va encore le démontrer, ce principe créateur et ordonnateur, ou le rend inutile. Le monde n'est pas régi par une force extérieure, il obéit dans tous ses mouvements et dans toutes ses modifications à une nécessité naturelle déterminée et non susceptible d'exceptions. Une force créatrice ne se manifeste pas et ne donne aucun signe de sa présence, ne peut pas exister ou au moins avoir une place quelconque dans notre pensée.

Hypothèse d'une force créatrice surgissant du néant

Il ne reste plus qu'une troisième hypothèse aussi étrange que superflue; c'est celle d'une force créatrice surgissant tout-à-coup du néant, sans raison, pour créer le monde (de quoi?) et rentrant aussitôt en elle-même pour se fondre en quelque sorte dans le monde ou se perdre dans le grand tout.

Une force créatrice n'est représentable que si on peut lui appliquer l'idée de temps. Or elle ne pouvait être ni *avant* ni *après* la création. Elle ne pouvait être *avant* pour des raisons déjà exposées; elle ne pouvait être *après*, puisque le repos et l'activité ne peuvent se concilier avec l'idée d'une pareille force et en impliquent la négation. Donc l'idée de temps appliquée à une force créatrice conduit à une absurdité : c'est bien pis lorsqu'on veut la faire sortir du néant. Une force créatrice qui se créerait elle-même, quelle absurdité!

Si donc la force créatrice n'a pu exister ni avant ni après l'origine des choses, si enfin il n'est pas possible d'imaginer qu'elle n'ait eu qu'une existence momentanée, — puisque la matière et la force sont impérissables et qu'il n'y a pas plus de force sans matière que de matière sans force — il n'y a pas l'ombre d'un doute à conserver sur cette proposition, à savoir : que le monde n'a été ni créé, ni appelé à la vie par une volonté extérieure.

La matière est incréée et éternelle.

Rappelons ici cette parole de Démocrite : « Rien ne vient de rien, mais rien de ce qui existe ne peut être détruit ». Donc, de même que l'esprit qui conçoit est inséparablement lié au cerveau organisé et vivant, l'activité la plus grande est unie à la matière qui, loin d'être morte ou inerte, est douée comme nous venons de le voir de force et par conséquent de vie. Séparer la matière de l'esprit, le corps de l'âme comme nous le verrons plus loin, c'est ruiner la vérité naturelle. Donner à l'un la prééminence sur l'autre, c'est une prétention monstrueuse qui détruit l'harmonie de l'univers.

VI

ATTRIBUTS DE LA MATIÈRE

Les attributs nécessaires et indispensables de la matière sont la *forme* et le *mouvement*.

La théorie scientifique de l'évolution, non pas née seulement de l'analyse des phénomènes biologiques, mais sortie du progrès de plusieurs sciences très diverses par leur objet et leur méthode, comprend dans ses explications les grandes genèses cosmiques, les révolutions du globe, les révolutions de l'humanité, tout comme les évolutions de l'atome cellulaire. Jusqu'à ce que les révélations de ces merveilleux instruments d'optique, le télescope, le microscope, d'une part, et de l'autre les curieux renseignements de la nature morte et ensevelie sous les luxuriantes végétations de la nature vivante, eussent fait connaître les lois de la *formation* et du développement des êtres grands ou petits de la nature, on ne pouvait avoir d'idées précises sur ces opérations mystérieuses. A chaque métamorphose qui se produit au sein de ces corps, mondes ou atomes, l'esprit frappé d'étonnement et de stupeur par le spectacle de tels changements, regardait sans comprendre. De nos jours, au lieu de rêver sur les miracles de la nature, on s'est mis à l'observer ; on l'a vue à l'œuvre ; on l'a surprise dans le secret de ses opérations les plus délicates ou les plus grandioses. C'est alors qu'on a reconnu qu'une même loi gouverne le développement de tout ce qui vit dans le monde de l'histoire, comme dans le monde de la nature, que tout se *forme* par le même procédé d'évolution. Tous ces êtres une fois nés, les corps petits ou grands de la nature vont à leur forme, à leur organisation plastique par une série d'états intermédiaires et transitoires.

Comme la forme qui est la manière d'être de la matière, le *mouvement* est inhérent à elle, comme il est l'essence de la *force*. (Que le lecteur n'oublie pas cette proposition, elle est capitale : Tout est mouvement. Mouvement dans l'espace, mouvement magnétique, mouvement mécanique des petites masses, dans les corps, mouvement moléculaire de la chaleur, mouvement électrique sous forme de courant, mouvement de décomposition ou de combinaison, mouvements physico-chimiques, etc.

Il n'y a pas de repos absolu.

Le repos ne peut être que relatif. Si un corps est en repos, au point de vue mécanique, c'est un repos *apparent*. La terre l'emporte avec elle dans son mouvement rotatoire auquel il participe, car il prend part, bien entendu, au mouvement de la terre et à celui de tout le système solaire. Le froid, la chaleur déterminent chez lui des mouvements de contraction ou de dilatation qui sont des mouvements moléculaires ; ses atomes peuvent vibrer sous l'influence des courants magnétiques ou électriques, etc. L'immobilité toujours *apparente*, n'est pas l'absence de mouvement, mais bien la *résultante de deux mouvements*, c'est-à-dire de deux forces qui s'équilibrent, dont la résultante est nulle.

Donc, pas de matière sans forme, pas de matière sans mouvement. Forme, soumise au transformisme, mouvement, essence de la force, sont deux propriétés inhérentes à la matière et constituant ses attributs.

— ◆·|·◆ —

VII

CIEL ET TERRE

Depuis les découvertes de l'observation et de l'expérience, les questions d'origine préoccupent et sollicitent l'esprit philosophique de notre temps. La science nous apprend que notre terre a subi nombre de métamorphoses, qu'elle a passé par des états très divers, gazeux, liquide, solide, qu'il fut une époque où il n'était pas trace de vie sur ce globe muet et désert, entièrement soumis à l'empire des lois physiques et chimiques. Elle nous enseigne que le système solaire, comme tous les mondes célestes, ne fut d'abord qu'une nébuleuse, et que ce n'est qu'en se condensant et en se concentrant progressivement que la matière première s'est réunie en une masse solaire dont le fractionnement a formé ce monde admirable, où les planètes se meuvent autour des planètes, en vertu de la loi de gravitation qui régit l'univers entier. Ce sont ces étonnantes révélations qui ont fait l'intérêt des problèmes d'origine, en surexcitant la curiosité humaine. Comment ces grands corps si imposants par la régularité et l'harmonie de leurs mouvements sont-ils sortis de la diffusion et de la confusion de la matière primitive ? Comment le chaos a-t-il engendré le cosmos ? Comment cette infinie variété d'espèces vivantes qui s'épanouissent ou s'agitent sur la surface de notre globe a-t-elle pu apparaître tout à coup au sein du règne inorganique ?

Puisque Dieu n'existe pas, puisqu'il n'y a pas de cause créatrice, si la matière n'est pas sortie du néant par un acte de suprême création, comment expliquer l'origine première des choses ?

Comment les globes célestes et terrestres se sont ils formés ?

Au début, des masses informes de vapeurs et de nébuleuses emplissaient l'espace, portant dans leur sein des matériaux réduits à un degré de raréfaction qui dépasse tout ce que nous pouvons imaginer. Les globes et les systèmes de globes ont dû se former grâce à l'apparition de tourbillons, de points tourbillonnants où les atomes se trouvaient plus rapprochés les uns des autres, se condensant peu à peu et successivement. Peu à peu leur réunion en masses compactes, isolées ou en systèmes, s'est opérée, le phénomène d'agrégat parcellaire total s'est produit. Et ces masses sont restées soumises à la loi universelle de la gravitation et de l'attraction. L'attraction s'exerçant sur les plus fines particules a formé les globes et la loi de l'attraction en se concertant avec le *mouvement primitif* a produit les mouvements combinés que nous observons aujourd'hui.

N'oublions pas que c'est le mouvement inhérent à la matière qui a donné l'impulsion première aux points tourbillonnants. Indépendamment de ce principe général, la première impulsion au processus d'agglomération a pu prendre naissance d'une façon naturelle : « La plus petite iné-
« galité dans le volume et dans la force d'attraction ou
« dans la distance respective des atomes dans la masse
« primordiale, a dû suffire pour permettre la formation de
« plusieurs centres de condensation. Puis le resserrement
« du conglomérat nébuleux primitif, par suite du refroi-
« dissement ou du rayonnement irrégulier dans l'espace
« glacé, dut rapprocher les atômes les uns des autres de
« différentes façons, et déterminer ainsi, dans des points
« isolés, des phénomènes de condensation et de mouve-
« ment qui devaient aboutir à la formation des globes dis-
« tincts. Peut-être les corps célestes voisins exercèrent-ils
« une attraction latérale qui força certaines portions de la
« nébuleuse à s'épaissir de ce côté, à s'agglomérer plus
« fortement et enfin à tourner autour de leur axe. Peut-
« être aussi les affinités chimiques occasionnèrent-elles le
« rapprochement des atomes pour former des corps nou-
« veaux : les plus volumineux parmi ceux-ci, en raison de
« leur masse supérieure, attirèrent les corps les plus pe-
« tits qui les entouraient, faisant naître ainsi de nouveaux
« processus chimiques, favorisés par la chaleur que déve-

« loppait la condensation croissante. Par suite de l'agglo-
« mération irrégulière de masses de volumes différents,
« il se produisit nécessairement un déplacement du centre
« de gravité et par conséquent un courant de diverses par-
« ticules de la sphère gazeuse qui aboutit finalement à un
« mouvement de rotation entraînant dans une course ré-
« gulière les masses devenues ainsi globuleuses et dis-
« tinctes. Du reste, on a constaté dans le ciel, à l'aide du
« télescope, l'existence de nébuleuses circulaires et en spi-
« rale, animées d'un semblable mouvement de rotation. Il
« résulte de l'apparence générale des nébuleuses dites en
« spirale, par exemple, que ces remarquables corps cé-
« lestes sont dans un état de bouleversement violent ; des
« torrents formidables de matières incandescentes retom-
« bent en spires lumineuses sur la masse centrale et en-
« gendrent ainsi des tourbillons et des mouvements de ro-
« tation destinés à amener la formation des corps célestes
« sphériques. Le mouvement rotatoire constaté sur toutes
« les masses cosmiques globuleuses, est d'ailleurs si ré-
« pandu dans tout l'univers, qu'il faut bien admettre
« l'existence de causes générales ou d'une nécessité phy-
« sique qui le déterminent. Leur rapidité doit s'accélérer
« au fur et à mesure de la condensation des masses cos-
« miques » (1).

En raison justement de cet accroissement de vitesse dont parle Büchner, en rapport avec la diminution de volume, il en est résulté un aplatissement lenticulaire de la masse nébuleuse avec condensation plus considérable au centre, une séparation provoquée par l'oscillation produite par la force centrifuge, d'anneaux équatoriaux analogues à ceux que possède encore aujourd'hui la planète Saturne, enfin l'émiettement de ces anneaux en débris s'agglomérant en masses sphériques (planètes, lune, étoiles, etc.), puis le refroidissement par périodes successives.

Tels sont les moyens très simples à l'aide desquels la nature a accompli, à travers des myriades d'années, son évolution vers la formation des mondes, évolution qu'elle poursuit encore tous les jours. Car les astronomes en s'appuyant sur les plus solides arguments, reconnaissent aujourd'hui dans les nébuleuses, dont nous avons parlé, les phases diverses des processus de développement de notre système solaire. Partout dans les mondes, des composés de

---

(1) Büchner, *Force et matière.*

masses nébuleuses extrêmement dilatées se mouvant circulairement, et les globes célestes ou les systèmes planétaires sont constitués par les phénomènes simultanés de la *rotation* et de la *condensation*. La seule force que l'on trouve à la base de tous ces mouvements, de toutes ces formations, c'est l'ATTRACTION, l'attraction qui condense les nébuleuses, en forme les soleils et les planètes, règle leurs mouvements et enfin, par le fait de la condensation, produit de la chaleur et de la lumière, source unique et suprême de tous les phénomènes vitaux.

Si comme l'admettent les cléricaux, une force créatrice individuelle, agissant d'après une idée préconçue, a créé les mondes pour servir de demeure à des êtres sensibles et intelligents, soumis à sa puissance, pourquoi cet espace cosmique, immense, inutile, dans lequel sont suspendus comme des points imperceptibles des soleils et des globes isolés? Pourquoi d'autres planètes ne sont-elles pas habitables pour l'homme ou des êtres semblables à lui? Pourquoi la lune, notre compagne constante, avec ses cratères et ses volcans éteints, est-elle sans eau et sans atmosphère, et par conséquent hostile à tout développement organique? Quelle signification peut bien avoir, au point de vue des causes finales, cette succession du jour et de la nuit liée aux rapports de la terre avec le soleil? Et si une telle succession est nécessaire pour les créatures qui habitent la Terre, pourquoi dans la zône polaire y a-t-il un jour de six mois suivi d'une nuit de même durée? Et pourquoi l'obscurité de la nuit est-elle interrompue par le clair de lune?

Si comme l'affirment les déistes, le monde avait été créé, s'il était dirigé par une intelligence éternelle, si, comme ils ont coutume de le dire, il reposait sur une raison, comment tous ces faits contradictoires pourraient-ils s'expliquer? Pourquoi cette raison éternelle et supérieure n'a-t-elle pas donné aux systèmes célestes un système qui fît clairement connaître son plan et son but? Pourquoi cette force créatrice, ne se révèle-t-elle pas, ne se montre-t-elle pas pour mettre de cette façon fin à tous les doutes, à toutes les angoisses, à ces disputes interminables qui ont été pour l'humanité, trompée par les prêtres, la source de tant de larmes et de gémissements? Pourquoi la volonté divine ne passerait-elle pas instantanément aux objets extérieurs, et ne leur communiquerait-elle pas l'impulsion et le mouvement? Pourquoi?... Mais que servirait de multiplier ces pourquoi, qui demeureront toujours plausibles et sans réponse.

Allons ! qu'elle montre son pouvoir cette Volonté et qu'elle prenne la place de la vapeur, de l'électricité et de tous ces agents que la science abstraite a mis à la disposition du travail et de l'industrie. Qu'elle se substitue à la force du vent qui enfle les voiles ou à celle de la houille qui fait manœuvrer l'hélice...

— ⋅|⋅|⋅ — —

VIII

PÉRIODES DE LA CRÉATION TERRESTRE

Nous avons vu dans le chapitre précédent comment, en vertu de l'accroissement de vitesse, de la condensation, de la rotation, la terre dut se séparer de la nébuleuse primordiale tournoyant sur elle-même. C'est alors qu'elle commença sa course circulaire autour de la masse centrale primitive. Elle devint alors le théâtre d'une série de processus qui produisirent d'abord la condensation de ses parties centrales, dans le même temps que sa surface se refroidissait. Le feu se concentra de plus en plus dans les entrailles de la terre, d'où il manifeste encore aujourd'hui sa présence par la chaleur croissante des couches terrestres profondes, par les volcans, les sources thermales, etc. Quant à l'écorce terrestre, elle se solidifia, prit la forme d'une croûte, l'aspect d'un corps dur et immobile, sous lequel elle nous apparaît actuellement. Le feu et l'eau luttèrent formidablement. Et lorsqu'enfin la production de l'eau s'opéra par la condensation des masses de vapeur environnant le noyau de la terre, elle retomba sur sa surface sous forme d'une mer primitive, la recouvrant d'abord toute entière. A la suite de ces luttes et par le fait d'influences destructives d'une part, reconstructives de l'autre, qui mettaient en jeu, soit les forces physiques, soit les forces chimiques, soit l'activité d'organismes inférieurs. Il se produisit une série de couches et de formations terrestres accessibles à nos moyens d'exploration et à l'aide desquelles nos géologues ont reconstruit l'histoire de la Terre.

La science reconstitua enfin les « périodes de création de la terre » et les « journées de la création » durent être reléguées parmi les contes pour petits enfants.

L'histoire du passé de la Terre n'est pas autre chose que le tableau déroulé de son état présent. « Les choses présentes ne sont que la copie des choses passées. » (Isnard.) Les modifications terrestres se sont passées d'une façon si lente, si graduelle, si lente, qu'en raison du temps très court pendant lequel nous pouvons expérimenter, il nous est impossible d'apprécier convenablement ces phénomènes.

Où donc est cette main toute-puissante ? Comment cette puissance divine, considérée comme la cause de tous ces changements, aurait-elle eu besoin de tant de détours et de tant d'efforts pour atteindre ses fins et pourquoi n'a-t-elle pas fait d'un seul coup et sans délai tout ce qui lui semblait utile pour la réalisation de ses desseins ? Comment pourra-t-elle justifier les destructions répétées des mondes vivants, des créations entières, si ce n'est sur la nécessité pour elles de ce perfectionnement progressif. Comment, voilà une puissance divine dont les attributs sont la toute-puissance, la perfection absolue, l'omnipotence qui tâtonne pour perfectionner une *création imparfaite qui aurait été son œuvre !*

La Bible fait remonter l'époque de la Création à environ six mille années. Nous appuyant sur les documents scientifiques les plus récents, voyons ce que cette assertion a de fondé.

Les géologues ont trouvé que la formation du terrain houillier a demandé plus d'un million d'années, d'après le professeur Bischoff, et, d'après Chevandier de 6 à 700.000 ans. Ce dernier chiffre ne s'applique qu'à la houille elle-même de sorte qu'il faut y ajouter le temps nécessaire pour la formation de couches intermédiaires. Les couches du terrain tertiaire ayant une épaisseur de 3 à 500 pieds ont dû mettre 350.000 années au moins et il a fallu 100.000 ans depuis la fin de l'époque tertiaire au commencement de l'époque quaternaire. Grove croit que les périodes *éocène* et *miocène*, les deux premières divisions de l'époque tertiaire, ont précédé notre ère de un à plusieurs millions d'années. Sir Charles Lyell, pour la formation de couches terrestres, compte 560 millions d'années. D'après Falb et Klein, ce serait 2.000 millions d'années. Blandet et Vinot sont arrivés à des chiffres plus élevés en basant leurs calculs sur la théorie physique de la lumière et sont arrivés à environ 6.000 millions d'années !

De l'exactitude plus ou moins grande de ces calculs, ressort l'idée plus ou moins grande du temps infini qu'il a fallu à la terre, notre demeure, pour arriver peu à peu par des transitions sans nombre et à peine perceptibles à l'état actuel. Ce fait de développement très lent se comprend, mais combien incompréhensible se trouve en revanche l'hypothèse de l'intervention brusque d'une puissance suprême. En les mettant en regard des distances incommensurables calculées par les astronomes dans l'univers, distances dont l'évaluation dépasse la portée de notre imagination, ces longues périodes nous forcent à reconnaître le caractère illimité et nécessaire du Temps et de l'Espace ; elles nous font comprendre l'Infini et l'Eternité : « Le monde n'a été créé ni par un homme, ni par un Dieu, a écrit Empédocle, il a toujours été. »

IX

GÉNÉRATION PRIMITIVE

Théorie des monères

La Terre était, nous l'avons vu, tout d'abord à l'état incandescent ; elle ne pouvait produire des êtres vivants. Mais par suite du refroidissement et de la solidification, l'écorce terrestre prit peu à peu une forme qui, dans son développement ultérieur, pouvait rendre possible la formation et l'existence des différents corps organisés. La vie commença lorsque l'eau apparut, parce que la température s'était alors considérablement abaissée. Chaque couche géologique accessible à notre investigation nous présente les vestiges manifestes, les débris, souvent dans un état de conservation parfaite, des organismes végétaux ou animaux ayant vécu aux époques correspondantes.

Mais comment et quand la vie est-elle apparue sur la terre ?

Quel est le principe de tout être vivant ?

La science de la vie n'est pas d'hier, elle a commencé avec les premiers médecins qui, après l'âge mythologique ont observé l'homme, au lieu de contempler les astres ou de regarder les entrailles des victimes. Hyppocrate et Aristote sont peut-être les seuls qui, jusqu'à l'âge moderne, aient distingué les divers aspects de la réalité observable, et qui aient laissé des descriptions vraiment scientifiques, bien que fort incomplètes. Malgré les belles recherches anatomiques et expérimentales de physiologistes plus fidèles à l'observation qu'à la doctrine, tels que Harvey, Boerhaave, Haller, Spallanzani, cette préoccupation des causes vitales domina la physiologie jusqu'à la fin du dernier siècle; elle engendra les écoles mécanistes, dynamistes, vitalistes, animistes qui, sous les noms de Van Helmont, de Paracelse, de Descartes, de Barthez, de Bordeu, remplirent le XVIe, le XVIIe, même le XVIIIe siècle de leurs débats. Avec Magendie, Claude Bernard, Virchow et Flourens, on laissa désormais à la métaphysique les discussions contradictoires sur les causes pour se livrer exclusivement à l'analyse, à l'observation et à l'expérimentation des faits.

Ce fut Lavoisier qui, le premier, étudia la chimie des corps organiques et fit voir que les principes élémentaires des corps vivants ne sont autres que ceux des corps bruts. Cette découverte fut confirmée et complétée, depuis Lavoisier, par toutes les expériences de nos chimistes contemporains. Mais ce ne fut que le premier pas, et le plus facile dans la voie de l'analyse. Entre ces éléments matériels de la vie et la vie elle-même, il y a un abîme; il fallait découvrir le rôle des éléments physico-chimiques dans la manifestation des phénomènes de la vie et par là pénétrer dans l'essence de la nature intime de l'être vivant. C'est à cette grande et difficile tâche qui se livra Claude Bernard. Jusqu'ici la physiologie n'avait abordé que le côté extérieur et matériel de la vie; l'analyse microscopique va la faire pénétrer dans les profondeurs de l'organisme vital.

Grâce à ses travaux, on arriva bientôt à découvrir l'élément morphologique le plus simple, celui d'où se développent tous les organismes sans exception, la CELLULE, élément organique, composant tous les tissus des êtres vivants.

Cette découverte fut une révélation nouvelle de la vie, dont on avait jusqu'alors localisé le principe, soit dans un être métaphysique, soit dans un organisme vital, soit dans le jeu même des organes divers. Dans ce tissu où l'œil humain n'avait encore rien observé, on ne voulait voir qu'une matière plus ou moins animée par le souffle d'un principe vital quelconque, mais absolument dépourvue d'activité propre. Maintenant on sait que la vie est partout la même, dans ses éléments comme dans ses organes. Partout, elle se manifeste avec les caractères qui en font l'essence, avec l'activité, l'individualité, la spontanéité, l'homogénéité, c'est-à-dire la propriété de reproduction du même par le même, de la cellule vivante par la cellule vivante; on le sait pour l'avoir observée, analysée, saisie dans ses plus imperceptibles formes et ses plus insensibles mouvements. Non seulement un germe engendré par les parents de même espèce peut concourir à la reproduction, mais encore, d'une façon plus directe, étant donné un corps préexistant, par scission, par bourgeonnement, par prolifération, par scission endogène des cellules, etc., la reproduction peut avoir lieu. Le phénomène de la reproduction d'un être doit donc toujours faire supposer l'existence antérieure d'un être identique ou semblable.

La *cellule* reconnue comme élément morphologique élémentaire, Virchow précisa encore la proposition en disant: il n'y a pas de cellule organique qui ne provienne d'une cellule semblable préexistante. Puis on reconnut dans la cellule une forme assez sujette au changement, ne se comportant pas toujours de la même façon et n'ayant pas une constitution toujours identique. L'attention se fixa sur une partie de la cellule qui paraissait la plus constante et on précisa encore en disant : *Tout noyau de cellules provient d'un autre noyau.* Ce qui démontre encore que les formes organiques ne peuvent naître spontanément et que toujours un ou plusieurs individus préexistants sont nécessaires pour donner l'être à d'autres individus semblables à eux.

Mais alors surgissent d'inévitables points d'interrogation.

Si tout être organisé est engendré par des parents, *comment les premiers parents sont-ils nés ?*

D'où et comment ?

Ont-ils pu naître d'eux-mêmes par le concours fortuit ou nécessaire des éléments dans des circonstances données et alors comment ce phénomène ne se produit-il plus ? Ou bien a-t-il fallu l'intervention d'une puissance extérieure, une création surnaturelle ?

Cette importante question a préoccupé tous les philosophes et tous les naturalistes et a donné lieu à d'interminables controverses. Avant d'entrer dans le détail, il nous faut serrer de plus près cette proposition déjà citée : TOUT ÊTRE VIVANT VIENT D'UN ÊTRE VIVANT ; *omne vivum ex vivo.*

Il nous faut démontrer la préexistence de cette matière organique qui forme comme la matrice, comme le substratum d'où se développent les formes organiques. De ce fait que les savants repoussent presque tous la génération primitive dans le sens où on l'entend, c'est-à-dire en dehors des germes préexistants, tout cela fournit aux religiosâtres une occasion, avidement saisie par eux, de faire appel à l'intervention d'une puissance créatrice qui, selon son bon plaisir, aurait créé à des époques déterminées ces êtres primitifs et rudimentaires, en les douant de la propriété de se développer ultérieurement de mille et mille façons.

On pourrait bien répondre tout d'abord à ces croyants au Dieu éternel que les germes ou les premiers principes de l'existence étaient aussi de toute éternité — attendant l'influence de certaines circonstances extérieures — soit dans ces masses gazeuses informes qui ont constitué la terre en se condensant, soit dans les espaces cosmiques, d'où ils seraient tombés sur l'écorce terrestre après sa formation et son refroidissement pour parvenir accidentellement à éclore et à se développer sur les points seuls où se trouvaient réunies les conditions extérieures, indispensables. Quelque risquée que puisse paraître cette théorie au premier abord, il faut pourtant bien lui reconnaître un caractère de vraisemblance supérieure à celui que nous offre l'hypothèse de la création, hypothèse dépourvue de toute base scientifique. Angus Schmitt a démontré, à l'aide du permanganate de potasse que l'air renfermait, aussi pur qu'il put être, une quantité infinitésimale de matière organique. Ehrenberg prétend que dans l'espace cosmique circulent des êtres organisés qui parviennent accidentellement jusque sur notre globe. Dans tous les cas, il n'y a aucune raison de nier la préexistence possible de matière organisée ou même d'organismes tout prêts dans les hautes régions de l'atmosphère terrestre pendant les temps primordiaux. Il y a une théorie scientifique, *dite de propagation cosmique*, qui établit qu'assez souvent la terre traverse des essaims de météores ou la queue de certaines comètes, etc., ce qui lui permet d'entraîner par millions les êtres ou germes organiques, qu'elle pourrait y rencontrer...... Le monde organique serait considéré par les savants vitalistes comme un produit d'activité vitale, tandis que selon d'autres, au contraire, les corps bruts aussi bien qu'organisés seraient le résultat de la différenciation ou du développement de la matière, originairement à l'état neutre ou indifférente. La vie, d'après cette théorie, ne serait qu'un mouvement particulier des molécules de la substance primordiale en voie de condensation et l'on n'aurait pas à se préoccuper autrement d'expliquer son origine.

Mais tout cela n'est qu'hypothèse et présomptions et n'explique ni la présence de la vie à la surface de la terre, ni l'apparition du premier germe de vie — à moins qu'on ne suppose la *substance vivante* comme éternelle, ce que je n'ai pas dit, ne l'oublions pas. Le grand tout de la matière est éternel, mais la partie distincte ne l'est pas et l'idée d'éternité en ce cas particulier serait contraire à la raison, puisque toute partie distincte, un animal, une plante, etc. naît, se développe et meurt. Le mouvement et la forme sont bien, ainsi que nous l'avons démontré, véritablement éternels et sans commencement. Mais la vie qui n'est qu'une variété, qu'une partie distincte du mouvement doit avoir eu un commencement.

La cellule ou unité organique, regardée d'abord comme la première forme de la génération primitive, la cellule avec son enveloppe, son contenu et son noyau, apparaît comme une formation beaucoup trop compliquée et d'une organisation trop élevée pour pouvoir se développer par antagonie ou directement de la matière non organisée.

Une pareille origine serait au point de vue scientifique aussi miraculeuse et aussi impossible que cette génération spontanée d'organismes au sein de matériaux animés à laquelle on croyait si généralement autrefois. Il faut chercher plus loin les premières ébauches de la vie, car la cellule paraît être le résultat de toute une série de processus antérieurs de développement.

La science poussant toujours plus avant ses interrogations est remontée jusqu'à des formes animées encore plus inférieures et nouvellement découvertes, qui se présentent non sous l'aspect de cellules ou de formations celluleuses mais sous celui d'amas globuleux composés d'un mucus animé et presque complétement amorphe, d'un agrégat de viscosités albumineuses. C'est à ces êtres primordiaux si simples, qui ne sont que des fragments vivants du protoplasma sans organisation, à ces « organismes sans organes » tenant le milieu entre les substances organisées et les corps bruts que Haeckel a donné le nom de Monères (du grec *Monérès* simple). La nouvelle chimie organique, nous enseigne en effet que ce sont les propriétés chimiques et physiques du carbone, corps brut qui, grâce à ses combinaisons complexes avec d'autres, engendrent les propriétés physiologiques spéciales des corps organiques et avant tout du protoplasma. Les monères *(ce* sont les organismes les plus rudimentaires) consistant uniquement en protoplasmes, forment ici une sorte de pont par-dessus le gouffre profond qui sépare la nature organique de la nature inorganique. *Elles nous montrent comment les organismes les plus simples ont du provenir, à l'origine des combinaisons inorganiques du carbone.* Voilà donc bien l'arbre de vie prenant racine dans la matière. Les monères ont pu se développer et se développent encore de la matière organique par génération naturelle et spontanée et d'elles seules peuvent se développer les cellules ou les formations cellulaires. Cette découverte scientifique nous prouve d'une façon incontestable que la vie est liée non pas à une structure déterminée des êtres vivants, au concours de différents organes, mais bien à un état physico-chimique de la matière amorphe, à une substance albuminoïde appelée *sarcode* ou *protoplasma,* combinaison azotée de carbone d'une consistance demi-fluide. La vie n'est donc pas la conséquence de l'organisation, c'est le contraire qui est la vérité; Le protoplasma amorphe constitue les formes organisées.

Les monères constituent le premier échelon de la vie et sont devenues le point de départ des cellules par un processus que nous ne pouvons décrire ici en détail. Les vraies cellules se forment par le développement intérieur des monères. La première phase de ce développement est représentée par cette formation cellulaire indifférente qui sous le nom d'*amibe*, mène encore une existence solitaire et indépendante. Une cellule semblable constitue aussi l'œuf primitif, tel qu'il se montre d'abord presque uniformément dans l'ovaire des animaux les plus divers. Les plus anciennes amibes vivaient à l'état d'individus distincts : il s'en forma de petits agrégats que l'on connaît encore aujourd'hui à l'état d'agrégats de cellules ou de variétés d'animaux primitifs simples et nus, uniformes et vivants en communauté. Ici commence la différenciation entre le règne animal et le règne végétal, la cellule nue, amiboïde avec noyau susceptible de ramper, correspondant plutôt au premier, tandis qu'au second se rapporte la cellule munie d'une menbrane d'enveloppe, à travers les pores de laquelle passent les fluides qui la nourrissent.

Mais comment sont nées les monères ? nous crient les spiritualistes.

De la matière élémentaire, éternelle, incréée (comme nous l'avons démontré péremptoirement plus haut). Les premières manifestations de la vie ont apparu spontanément au sein des flots, dans les profondeurs de la mer, sous la forme indécise de masses protoplasmatiques sans nucleus. Là aucun ancêtre, aucune matière organique préexistante : rien que l'eau à l'état de minéral, et les forces physico chimiques, l'affinité, l'électricité, la chaleur. Sous l'action lente et incommensurable du temps s'engendrent ces protoplasmes informes d'où va sortir l'infinie variété des vivants. La série progressive de ces êtres conduira du plus humble animalcule jusqu'à l'homme forme dernière obtenue par la métamorphose des formes primitives sans qu'il y ait lieu d'y voir aucun dessein, aucun but déterminé. « Dans les brumes du passé, nous dit Darwin, nous pouvons voir distinctement que l'ancêtre de tous les vertébrés a du être un animalcule aquatique à branchies, réunissant les deux sexes dans le même individu, et chez lequel les organes principaux tels que le cerveau n'étaient développés que d'une manière imparfaite. Cet animal a dû, semble-t-il, se rapprocher des larves de nos ascidiés marins plutôt que de toute autre forme connue. »(1)

Pour remonter de ces premiers êtres de la vie animale aux premiers éléments de la matière, il y a sans doute encore un bien long chemin à faire. Mais, le temps aidant l'on y arrive par une innombrable série de transitions qu'il suffit d'imaginer pour comprendre l'origine toute matérielle des êtres vivants.

(1) *Darwin*, La Descendance de l'Homme

Ce développement spontané de la matière albumineuse et vivante du sein de la matière inanimée peut très bien se continuer encore aujourd'hui, sans que nous soyions en mesure de le reproduire artificiellement. La chimie ne peut reproduire cette série de combinaisons et de compositions dans ses creusets, faute d'avoir dans ses laboratoires les instruments nécessaires. Il n'y a que le laboratoire de la nature, avec ses instruments organiques, qui puisse fournir de tels produits. Et si cette science pouvait pénétrer dans le mécanisme infiniment subtil des opérations naturelles, elle ferait voir qu'elles sont toutes réductibles à ses lois. Quand on considère les résultats étonnants auxquels est arrivée la chimie organique ou synthétique, qui a réussi à se former de toutes pièces, par des procédés chimiques et avec des substances inorganiques ou inanimées, une série de corps dont le développement ne semblait pouvoir s'opérer que par l'intermédiaire des phénomènes vitaux dans le règne animal ou végétal -- tels que l'urée, l'alcool, l'éther, le sucre de raisin, la glucose, l'éthyle, les acides oxalyque, formique, butirique, acétique, des matières grasses et amylacées, des alcaloïdes, etc., on ne doute pas qu'il ne soit possible d'arriver un jour à former d'une manière artificielle le protoplasma vivant et la synthèse chimique d'aujourd'hui ne fait peut-être que marquer le pas dans cette voie.

Les découvertes de la science contemporaine ont donné depuis longtemps à cette théorie matérialiste de la *génération première* une confirmation péremptoire et probante. Fière de sa force invincible, confiante dans la clarté de ses enseignements, elle brave l'autorité des préjugés spiritualistes, aussi bien que le génie des systèmes métaphysiques. Les sentiments, les enthousiasmes, les illusions, ne peuvent prévaloir contre une démonstration ou une analyse scientifique.

Résumons cette démonstration un peu longue et forcément un peu abstraite :

L'organisme humain est le résultat d'un long et pénible développement qui a exigé des millions et des millions d'années.

L'élément morphologique de l'être est la *cellule* qui dérive d'une combinaison encore plus simple : le protoplasma amiboïde, petite cellule primordiale renfermant du carbone et composé de masses albuminoïdes se trouvant à la limite exacte entre les corps organisés et les substances inorganiques, ce qui prouve que les formes inorganiques se développent peu à peu de combinaisons plus ou moins amorphes de la matière. Ainsi le cristal est pour le monde inorganique ce qu'est la cellule pour le monde organique. Comme la cellule du protoplasma, il se forme d'une caumère sans forme ou de corps amorphes et déroule ainsi les phénomènes extrêmement remarquables d'une vie intérieure. La découverte faite par Reichert, en 1849, de cristaux d'albumine ou de protéine, se comportant tout-à-fait comme des corps organisés et présentant toutes les propriétés essentielles du protoplasma, a comblé le gouffre apparent entre le cristal et la cellule, entre le monde inorganique et le monde organique. La différence entre la matière et les corps vivants ne consiste que dans l'écart du simple au composé.

Ces vérités connues, comme la nature apparaît libre aussitôt! Délivrée de ses maîtres arrogants, on la voit exécuter spontanément toutes choses sans l'intervention des dieux.

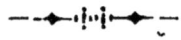

X

GÉNÉRATION SECONDAIRE

A la génération primitive succéda la génération secondaire ou cette longue suite de formes ou espèces organiques qui, l'apparition de la vie une fois donnée, devaient en se développant peupler la surface de la terre dans le cours des millions d'années à venir.

Le géologie a divisé ce long parcours de développement et de perfectionnement en cinq époques, qui se classeront elles-mêmes en périodes.

Tout d'abord l'époque *primitive* ou *archéolithique*. La vie n'est possible que pour les animaux inférieurs et les plantes aquatiques peuplant la mer chaude ou tiède. Cette période a probablement duré plus longtemps que les quatre suivantes ensemble. Il dut s'écouler plusieurs millions d'années avant l'apparition des zoophytes, mollusques, vers, algues marines les plus inférieures et encore des millions d'années jusqu'au moment où la terre entra dans la grande période géologique des poissons et des forêts de fougères. Comme nous sommes loin de la légende biblique qui prête à Dieu la prestidigitation créatrice en 6 jours et il y a 6.000 ans !

Aucune trace de fouille pendant cette période n'est venue révéler encore l'existence d'un organisme capable de vivre encore sur la terre ferme. A l'extrémité de cette longue époque, la *période silurienne antérieure* dans laquelle apparaissent les premiers représentants complets du type des vertébrés, la variété la plus inférieure du type des poissons, précédés par les vertébrés « acraniens » de Hœckel. La mer qui a déposé une couche n'ayant pas moins de 6,000 mètres d'épaisseur, fourmillait d'invertébrés de toutes sortes, tels que les rhizopodes, les brachiopodes, les céphalopodes, les animaux rayonnés, polypes, coraux, mollusques, crustacés, etc.

L'époque suivante s'appelle *époque primaire* ou *paléolithique*.

Apparition des poissons. La terre se couvre de forêts de fougères. Elle se divise en trois périodes : la période *silurienne, houillière* et *permienne*. Dans ces forêts primitives apparurent de nouveaux êtres appartenant au règne animal, des articulés et des vertébrés à respiration aérienne : ces derniers sous forme d'amphibies se traînant sur le sol. Pendant la période permienne, les plantes de la période houillière disparaissent de plus en plus au milieu du développement considérable des arbres à feuilles circulaires. Vers la fin de cette époque se montrent des animaux appartenant au genre des lézards, premiers représentants de la classe des reptiles qui constituent la classe la plus inférieure des grands vertébrés et sont destinés à dominer dans l'époque suivante.

On a donné à l'époque suivante le nom d'époque *secondaire* ou *mésolithique*. Apparition des reptiles et des conifères.

Cette époque se divise en trois grandes périodes ; *triasique jurassique* et *crétacée* et embrasse la dixième ou onzième partie du temps employé pour l'évolution organique terrestre.

Grâce au développement considérable de la végétation

dans la période précédente, l'atmosphère a été débarrassée de l'excès d'acide carbonique, incompatible avec l'existence des animaux supérieurs à respiration aérienne, et l'élément principal ce ce gaz avait été emmagasiné dans le sol à l'état de charbon. La vie devenant ainsi possible pour les animaux plus élevés, on voit pour la première fois apparaître les *poissons osseux* destinés à éliminer à peu près complètement leurs prédécesseurs imparfaits avec leur squelette cartilagineux. Dans le règne animal on voit apparaître trois classes supérieures: les vertébrés, les reptiles, les oiseaux, les mammifères au caractère ébauché.

Puis l'époque *tertiaire* ou *kénolithique* qui peut se diviser en trois périodes: les périodes *éocène, miocène, pliocène.*

C'est pendant la première période de cette époque que la géologie signale l'apparition des palmiers et aussi des dycotylédones et la grande quantité de mammifères dans le règne animal. La nature se bigarre de fleurs. La grande mer molanique se dessèche et la chaîne des Alpes se forme. Apparaissent ces gigantesques proboscidiens, le Mastodonte, le Dinothérium dont nous retrouvons les descendants aujourd'hui dans nos éléphants et chevaux marins; puis apparaissent les hyènes et de nombreux représentants de la remarquable famille des *singes*.

Et enfin l'époque *quaternaire* divisée en deux périodes, celle du *diluvium* ou des terrains submergés et celle de *l'alluvium* ou des formations nouvelles. Nous voici arrivés au terme de 100.000 siècles d'évolution géologique. C'est la dernière phase et la plus élevée qui voit apparaître sur le théâtre de la vie comme le point le plus brillant et comme le couronnement de cette évolution, la créature la plus parfaite, c'est-à-dire *l'homme*, préparé par une série de formes et de précurseurs de nature à demi-bestiale durant le cours de l'époque tertiaire. Et pour cela on a donné à cette époque le nom d'*anthropolithique* ou *anthropozoïque*.

Cette évolution de l'histoire organique de la terre indiquée un peu rapidement en ses lignes principales, montre clairement, et d'une façon incontestable, qu'il y a là un principe général de développement et de perfectionnement agissant par le moyen de circonstances naturelles, soit intrinsèques, soit extérieures et qui multiplie de plus en plus ou modifie constamment les formes individuelles en les faisant passer par d'innombrables degrés intermédiaires, à la faveur d'innombrables espaces de temps. Naturellement si l'on ne tient pas compte de ces échelons intermédiaires, de ces transitions innombrables et que l'on mette d'un côté la *Monère* ou la mucosité primordiale, de l'autre la forme la plus élevée, *l'homme* par exemple, on ne comprendra pas comment le second terme a pu provenir du premier, à moins d'avoir sous les yeux les millions et les milliers d'anneaux de la chaîne. L'échelle des êtres n'est nullement simple, elle est bien plutôt compliquée, à ramifications multiples et il est souvent difficile d'en discerner les degrés. Les grands règnes organiques se composent d'un certain nombre de divisions distinctes, tels que les rayonnés, les mollusques, les articulés, les vertébrés, dont on ne peut dire en aucune façon qu'elles se disposent les unes au-dessus des autres comme les termes d'une série. De même le règne animal est uni par une série non interrompue d'analogies aussi nombreuses que variées, depuis les formes les plus inférieures jusqu'aux plus parfaites. Notre propre espèce, l'homme lui-même, qui jusqu'ici, dans sa présomption se considérait comme bien au-dessus de tous les animaux, comme une créature d'un genre tout autre et bien supérieure est pourtant loin de faire exception à cette règle. La structure tout entière de son corps le relie si étroitement au règne animal, aux représentants les plus élevés du type des vertébrés, qu'aujourd'hui aucun savant digne de ce nom ne cherche comme autrefois, à créer pour lui le règne humain ou à l'isoler de l'ordre des soi-disant quadrumanes pour constituer un ordre particulier de la classe des mammifères.

Parti des commencements les plus insignifiants, des éléments organiques les plus simples (la cellule, le protoplasme, la monère) qui aient pu résulter, par génération spontanée, de l'union de substances inorganiques, développé des plus humbles cellules végétales ou animales ou d'une formation plus inférieure et plus primitive encore, tout ce monde organique si riche, qui nous environne aujourd'hui avec ses innombrables variétés, a pu se développer progressivement par le concours des processus naturels et d'espaces de temps d'une durée infinie.

Il y a certes beaucoup de points obscurs ou douteux dans l'histoire de la création organique; la science les éclairera bientôt. Ce que nous pouvons certifier, après ce qui a été démontré dans l'exposé succint que comporte une brochure, c'est que la création organique a pu et dû se réaliser sans l'intervention d'une puissance surnaturelle. Si l'on ne parvient pas toujours à se débarrasser de l'idée d'une cause créatrice immédiate, cela tient à ce que en considérant le présent, nous perdons de vue le passé. Ce qu'il nous faut bien comprendre, c'est que l'apparition des êtres organiques n'a pas été un phénomène subit, mais un processus qui s'est continué sans interruption à travers toutes les périodes géologiques.

Ainsi donc tout ce que l'observation nous montre, nous confirme dans l'idée de la naissance des êtres par une génération proprement dite, de leur formation et de leur organisation par le développement du genre engendré. A parler rigoureusement, rien ne demeure, tout passe, tout évolue, tout se transforme, tout *devient* dans la nature. La conservation elle-même de l'être formé et organisé n'est qu'une génération continuée par la perpétuelle rénovation de la matière vivante ; en sorte que rien n'est création, que tout est transformation dans l'œuvre de la vie universelle. Voilà une notion claire et positive de l'origine des êtres, sortie d'une révélation de la science qui pénètre au fond des opérations naturelles, et non une fiction de l'imagination qui assimile les procédés de l'art et de la nature.

XI

L'AME

« L'âme, d'après les spiritualistes, est une entité indépendante, ayant son existence propre.

« Elle gouverne la matière ou en tire parti. Distincte de la matière périssable, elle est responsable et immortelle. »

Voilà une proposition aujourd'hui banale et qui passe à l'état de lieu commun dans les préfaces des traités de psychologie.

Mais combien usée, vaine et convaincue d'impuissance

est devenue la vieille méthode psychologique, d'observation intérieure. Baudruche gonflée de vide théologique, elle s'est vue crever de la pointe du scalpel du physiologiste et la psychologie vraiment scientifique est devenue la physiologie du cerveau.

Que prétendent donc aussi les spiritualistes sur ce qu'ils appellent « la destinée » de l'âme ? Oyez :

Après notre mort, elles se détacheraient du corps, leur gangue matérielle, et iraient — par quel moyen de locomotion, on a oublié de nous le dire — comparaître devant le Tribunal suprême de Dieu. Ces âmes, après une prévention qui commencerait au moment même de la mort pour se terminer à « la fin du monde » seraient jugées sans appel (Jugement dernier) et, *selon leurs actes* seraient dirigées sur diverses destinations. Les unes, convaincues de péchés mortels seraient condamnées à la grillade éternelle en Enfer — o bonté divine ! —; les autres, jugées couçi-couça, avec le bénéfice de circonstances vénielles, toujours atténuantes, iraient au Purgatoire, (du latin *purgare*, purger), attendre les effets salutaires de quelque laxatif émollient. Dieu délivrerait enfin, pour les âmes de ses "élus" les billets de faveur, si ardemment convoités, pour les stalles d'orchestre paradisiaques. St-Pierre, concierge du Très-Haut (serait-il besoin de clefs, de portes et de verrous dans la demeure éthérée des purs esprits?) serait, à cet effet, proposé au contrôle sévère des entrées... Après celle-là, on peut tirer le cordon. Passons !

Balivernes et cocasseries qui, chez le moindre écolier, maintenant soulèvent le rire. Il sera facile de reconnaître par ces inepties, au moyen desquelles on a trompé depuis des siècles la pauvre humanité, combien ces MM. les théologiens se préoccupent du progrès des sciences naturelles. La science ! Allons donc ! Pour eux ça n'existe pas, ou combien maquillée ! Il n'y a que la Foi qui existe et qui.... sauve. Périssent toutes les sciences, plutôt qu'une ligne sacro-sainte du catéchisme. Et ils continuent de débiter leur galimatias philosophique, comme si ces sciences ne renversaient pas à chaque instant l'échafaudage de leurs spéculations métaphysiques.

C'est en vain que Tüttle s'écrie : « C'est par le cerveau, organe matériel, que nous nous élevons de la matière à l'esprit. »

Et Broussais : « L'âme n'est que l'ensemble des fonctions du cerveau, rien de plus ».

Moleschott: « La pensée est un mouvement de la matière. »

Qu'importent pour « la foi » les démonstrations expérimentales, les clartés souveraines de l'expérience et de la raison ? N'est-ce pas être « de bonne foi » pour les hiboux métaphysiques que de prétendre voir clair, les yeux obstinément bandés devant la lumière. « Ils ont des oreilles et n'entendent pas, ils ont des yeux et ne voient point. » Les psalmistes en ont fait l'aveu, dépouillé d'artifice. L'affaire est entendue.

Mais si l'âme, comme nous l'affirment les spiritualistes est une entité indépendante existant par elle-même qui gouverne la matière, pourquoi se défend-elle si mal contre les chocs matériels et ne peut-elle leur résister ? Pourquoi abdique-t-elle, pourquoi se replie-t-elle en présence d'un coup sur la tête, par exemple de quelques gouttes de sang qui s'infiltrent dans la substance du cerveau, devant un coup de soleil, devant quelques inhalations de chloroforme ou quelques gouttes d'opium, d'acide prussique ou quelque autre poison ?

Il y a donc corrélation, dépendance, unité entre l'âme et le cerveau.

Toute l'anthropologie, la science de l'homme, n'est qu'une preuve continuelle en faveur de l'unité d'idée d'âme et de cerveau et tout le verbiage des psychologues en faveur de l'existence distincte de l'esprit considéré comme indépendant de son substratum matériel reste absolument sans valeur en présence de l'autorité des faits.

L'âme ou l'agrégat de nos pensées et de nos sensations est la résultante de mouvements matériels.

Elle est matérielle en ce sens seulement qu'elle se présente comme la manifestation d'un substratum matériel auquel elle est aussi indissolublement unie que la force l'est à la matière. Elle est la manifestation particulière d'une substance particulière dont on ne peut pas plus la séparer qu'on ne peut séparer la chaleur, la lumière et l'électricité de leur substratum matériel.

Les mots âme, esprit, pensée, sensation ne désignent nullement des entités, des choses réelles, mais seulement des propriétés, des facultés, des fonctions de la substance vivante.

« Le grand défaut des écoles philosophiques, dit Büchner, consiste en ce qu'elles prennent pour des choses réelles, des êtres véritables, des mots n'ayant, à proprement parler, qu'un sens de convention et qu'elles apportent ainsi une irrémédiable confusion au milieu des choses les plus simples. Cette convention est entretenue et augmentée par l'idée complètement fausse qu'ils se font de la matière, idée qui les empêche de lui rendre justice. Pour quelle raison la matière serait-elle incapable de penser? Aucune, si ce n'est cette idée fausse qui, par l'effet de notre éducation spiritualiste, a fini par nous paraître en quelque sorte naturelle. Au contraire, c'est un fait éclatant comme la lumière du jour que la matière pense. Demander si la matière peut penser, c'est demander si la matière peut marquer les heures. Il est évident que la matière considérée comme telle ne pense pas plus qu'elle ne sonne les heures; *mais elle pense et elle sonne dès qu'elle se trouve dans des conditions telles que la pensée ou la sonnerie en résultent comme des fonctions ou des modes d'activité!* »

Voilà qui est dit et sans réplique.

Il est bien évident que quand une machine à vapeur produit du travail, lorsqu'une montre marque l'heure, ce sont là des résultats de leur activité au même titre que la pensée est le résultat du mécanisme compliqué de cette combinaison d'éléments matériels que nous appelons cerveau.

Le cerveau n'est pas seulement l'organe de la pensée et des plus hautes facultés de l'esprit qui ont leur siège exclusif dans la substance grise corticale; il est encore le siège unique de l'âme, mot par lequel se trouvent indiquées, d'une part, l'activité de toutes ses parties, — y compris les fonctions sensorielles et motrices, les actes de la sensibilité et de la volonté, qui s'exercent par l'intermédiaire de la substance grise centrale, — de l'autre, l'action prépondérante qu'il exerce sur le système nerveux tout entier.

« Mais pour connaître les différentes sortes de pensées, les différentes sortes de sentiments, quelle influence la pensée exerce sur la naissance et le développement des sentiments, nous disent les psychologues, point n'est besoin d'être anatomiste, d'avoir la connaissance anatomique du cerveau. On pourrait même ignorer l'existence du cerveau et traiter tous ces problèmes sans la moindre incompétence. Le cerveau anatomique est visible et tangible, tandis que ses fonctions physiologiques échappent à toute observation. »

Est-ce que dans tous les phénomènes vitaux, le rapport n'est pas habituellement très clair entre l'organe et la fonction? La fonction se voit ou s'imagine sous la forme de l'organe lui-même en mouvement; le fait anatomique et le fait physiologique sont matériels l'un et l'autre; le second est la suite du premier et le complète : c'est le premier, plus quelque chose. Quand on parle des fonctions du cerveau, on imagine, par analogie, des mouvements, et la chose en mouvement est, dans cette imagination, la chose anatomique, la substance cérébrale. Entre l'ordre de faits appelés *spirituels* et le cerveau existe d'une manière générale le même rapport qu'entre un organe et sa fonction, c'est-à-dire que la richesse et la coordination des faits dits spirituels, sont en rapport direct avec le volume et la santé du cerveau; en effet, l'intelligence croît, chez les enfants, avec le cerveau, comme les forces croissent avec les muscles; une commotion à la tête entraîne des troubles de l'intelligence et du sentiment; la science a noté depuis longtemps un certain nombre de faits du même genre. Donc la fonction du cerveau, c'est la pensée, plus les autres faits spirituels se manifestant avec elle.

Les différents degrés de notre vie psychique correspondent, dans le cerveau, à des parties anatomiques parfaitement tranchées. Tandis que l'imagination, le jugement, le raisonnement, la pensée, la sensibilité consciente, les penchants et la volonté ont leur siège dans la *substance grise* de l'écorce cérébrale, les phénomènes inférieurs de la sensibilité et du mouvement, y compris les actions réflexes ou inconscientes ont leur centre dans la *substance grise centrale* ou dans les noyaux gris du cerveau moyen et de l'isthme de l'encéphale. Comme cette substance grise centrale se trouve reliée d'un côté, par le système nerveux général, au corps tout entier, de même elle est en connexion intime et immédiate, par la couronne des fibres radiées avec l'écorce cérébrale et renvoie toutes les impressions que lui transmet l'organisme, vers le siège propre de ce qu'on appelle la conscience. Là, ces impressions, ces nouvelles apportées du dehors arrivent aux cellules de la sensibilité, puis à celles de l'« idéation » qui les transforment en idées et en pensées, puis en actes par rayonnement sur les cellules du mouvement.

Mais si donc l'âme a son siège dans le cerveau, la tête une fois séparée du tronc, est-ce que les facultés d'intelligence, de sensation, de pensée pourraient y coexister ? Assurément. La chose a été démontrée, en entretenant artificiellement dans une tête coupée la circulation du sang indispensable à la nutrition du cerveau. Mais si la séparation a lieu, l'afflux du sang du cœur au cerveau ne s'effectue plus et toute activité psychique, tout signe de vie s'anéantit.

Ainsi donc la physiologie cérébrale nous apprend d'une façon certaine que le cerveau est le siège et l'instrument de nos pensées et de nos sensations.

Disparaisse la matière, la pensée disparaît.

XII

AME MORTELLE, CORPS IMMORTEL

L'union indissoluble de l'âme ou esprit avec son substratum matériel, le cerveau, vient d'être suffisamment démontrée. On vient de constater que si les fonctions vitales du cerveau croissent avec son développement, décroissent ou s'altèrent pour causes morbides, les manifestations de la pensée, des sensations, de l'esprit, de l'âme croissent, décroissent ou s'altèrent avec lui. Pas de pensée sans cerveau; pas de cerveau sans pensée — pas plus que pas de matière sans force, pas de force sans matière.

Pas d'âme sans corps, pas de pur esprit, pas de pensée sans matière. Pas plus qu'on ne peut comprendre une électricité, un magnétisme, une chaleur, une pesanteur, etc. sans les corps ou les substances, grâce à l'activité desquels ces phénomènes se manifestent. Elle se développe avec les organes qui lui sont affectés, proportionnellement au nombre, à l'espèce et à la variété des impressions reçues et des expériences faites.

Comme conséquence d'un tel ensemble de faits, nous n'hésitons pas à répudier l'opinion de l'existence individuelle après la mort et la possibilité d'une immortalité personnelle. *Avec la destruction de la matière, à laquelle il est étroitement uni, l'esprit doit nécessairement cesser d'exister.*

Est-ce que l'âme est entrée toute faite dans l'organisme du fœtus? Ne se développe-t-elle pas au contraire avec lui. Ne voyons nous pas, comme je le disais plus haut, l'intelligence croître chez les enfants avec le cerveau, comme les forces croissent avec les muscles? C'est après la naissance que commencent à se développer les facultés intellectuelles; mais c'est aussi après la naissance seulement que le cerveau commence à tendre peu à peu vers le perfectionnement matériel qu'il est susceptible de recouvrir. A mesure que la vie se déroule, les facultés de l'âme subissent des modifications déterminées pour s'éteindre complètement après la mort de l'organe.

Tout est matière; tout est force. Ce bloc *matière et force* est indestructible et éternel. Mais cela ne s'applique qu'à l'ensemble du grand Tout, *tandis que dans le détail tout est soumis à une alternative incessante de naissance et de mort.*

Si la force et la matière dans le petit comme dans le grand, proclament leur immortalité, on ne peut en dire autant de l'âme qui apparaît comme l'effet ou le produit d'une combinaison *partielle* déterminée et soumise à la destruction de substances et de forces particlles et déterminées aussi. La combinaison détruite, les effets cessent. Une montre une fois brisée ne marque plus les heures; l'oiseau tué, son chant est fini. Après la mort, ces substances inanimées, devant lesquelles nous nous trouvons en présence, vont entrer dans de nouvelles combinaisons pour produire encore des effets analogues.

L'âme ne pouvait exister solidairement qu'avec le corps. Or le corps humain n'a pas toujours été; il a été formé, comme nous l'avons expliqué, après une série de processus inorganiques et organiques très lents. Donc l'âme n'a pas toujours été. Or ce qui n'était pas à un moment donné peut très bien périr, être anéanti. C'est une loi de nature que tout ce qui naît est voué à la mort.

Et puis est-ce que la morale naturelle et innée ne proteste pas contre cette idée d'immortalité de l'âme, prêchée par les bondieuso-psychologues? Quoi de plus révoltant et de contraire à la moralité que cette idée de néant, de sommeil éternel, d'inepte oisiveté du paradis ou des tortures subies dans les Montjuichs infernaux?

Tout au contraire, l'idée de la cessation de la vie individuelle n'a rien d'effrayant pour l'homme nourri des sains principes de la philosophie. N'est-ce pas le repos parfait; la délivrance de toute douleur, l'affranchissement définitif de toutes les impressions qui tourmentent le corps et l'esprit. Cet anéantissement, loin d'être redoutable est désirable quand la vie touche à son terme normal et que la vieillesse arrive avec son cortège d'infirmités. Pas plus que dans le calme du sommeil, il ne peut y avoir de douleur dans le néant.

Si notre pensée disparaît, notre enveloppe matérielle notre corps est immortel, indestructible. « Rien ne vient de rien, a dit Démocrite, mais rien de ce qui existe ne peut être détruit. » Nul grain de poussière, si petit soit-il, ne peut se perdre dans l'univers, nul ne peut s'y ajouter.

Voici le cadavre enterré. Au bout d'un certain nombre d'années nous ne trouvons plus à la place qu'un petit amas d'os mêlé à de la terre. Il semble même qu'il ne reste que cela; la science nous dit au contraire que tout est resté et qu'il ne s'en est pas perdu la moindre parcelle.

La combinaison primitive a été abandonnée dans ses éléments qui sont rentrés dans le cours ciculaire de la matière pour poursuivre aujourd'hui sous une forme, demain sous une autre, une éternelle pérégrination. C'est la judicieuse théorie du *circulus* de Pierre Leroux qui s'adapte exactement à la démonstration de l'immortalité de la matière. Vicq d'Azir a écrit: » A chaque souffle qui sort de notre bouche, nous exhalons une partie des aliments que nous mangeons, de l'eau que nous buvons. Nous nous transformons si vite qu'on peut dire sans exagération qu'au bout de cinq à six semaines nous sommes des êtres entièrement nouveaux. » En effet les atomes, c'est-à-dire les plus fines particules des éléments chimiques, sont remplacés par d'autres: seulement le genre de la combinaison est invariable. Aujourd'hui dans une combinaison, demain dans une autre. Ces atomes ne naissent ni ne meurent : ils ne peuvent que changer de combinaison. Voyez la démarche hautaine de ce guerrier, quelle allure hardie et dédaigneuse! Il semble peu se douter que ce beau corps dont il semble si fier constituera peut-être domain en ses molécules la boue que ses esclaves fouleront du pied. Le cerveau de ce philosophe, de ce penseur de ce poète contient peut-être aujourd'hui dans ses atomes quelques-uns de ceux qui se mouvaient hier dans la cervelle du plus modeste animal. Le pain que nous mangeons, l'air que nous respirons, nous rendent la substance des ancêtres morts depuis des milliers d'années. Nous restituons nous-mêmes, chaque jour, au monde extérieur une partie de notre propre substance pour reprendre peut-être au bout d'un temps très court, cette même substance ou celle que restituent les êtres qui nous environnent. « On peut dire que des Anglais, dit Büchner, se nourrissent de leurs ancêtres avec leur pain de chaque jour ; car on a expédié en Angleterre en quantités considérables les ossements des champs de bataille de Waterloo pour fumer les terres. »

En résumé notre corps est éternel. On nous a rabattu les oreilles avec les expressions de corps mortel et d'âme immortelle. Un peu de réflexion nous montre qu'on serait plus près de la vérité en changeant de place les épithètes Notre *forme individuelle* est sans doute mortelle, mais les éléments du corps qui l'enveloppent sont immortels. *La moindre de ces particules ne peut être anéantie.* Nous voyons au contraire ce que nous appelons esprit, âme ou conscience s'évanouir avec la dissolution de l'agrégat matériel et individuel dont les molécules vont se retrouver tout entières pour s'élaborer à nouveau dans l'universel creuset du grand Tout.

C'est le cas de dire avec l'Ecclésiaste : *Memento quia pulvis es et in pulverem reverteris.* Souviens-toi que tu es poussière et que tu retourneras en poussière.

ESSAI DE MORALE INDÉPENDANTE

« Immoraux, s'écrient nos idéologues, en supprimant Dieu, vous supprimez, du même fait la morale, fille des cosmogonies et de l'Église. — Si Dieu n'existe pas, s'il n'y a plus de grand principe directeur, s'il n'y a pas eu de rédemption, de conception miraculeuse, s'il n'y a plus de vie éternelle, mais seulement un fatum aveugle, inexorable, s'il n'y a plus que l'impassible discipline des choses, que signifient les idées de vertu et de péché? Qui récompensera les bons? Qui punira les méchants? Où sera la sanction suprême? Et s'il n'y a pas de sanction à offrir aux hommes, c'est la dissolution à bref délai qui guette l'ordre politique et social, une guerre de tous contre tous, l'universel chaos, le règne de l'égoïsme à outrance au milieu des passions et des appétits déchaînés... »

Peu nous importent les conséquences morales du matérialisme. Point n'est le cas d'argutier sur des à-côtés. Nos conceptions sont-elles vraies ou fausses, sont-elles justes, conformes à la vérité? — Non? — Démontrez le pourquoi de votre négation. — Oui? — La loyauté toute simple vous en propose l'acceptation, quoi qu'il en puisse résulter.

La vérité n'a pas à s'inquiéter des conséquences. Elle est bien au-dessus des ergotages de casuistique ou de dialectique. Elle est une, absolue; elle plie toutes les autres considérations sous ses arrêts, subordonne tous les autres résultats aux décisions inflexibles de sa logique.

Admettons pour un instant que votre Dieu ait quelque détermination, quelque attribut auquel on puisse *croire* et qui fonde pour l'homme l'obligation d'obéir à ses lois; quel sera cet attribut? Il en est un que les théologiens et les métaphysiciens ne manquent jamais de lui accorder : la puissance. Alors même qu'ils prétendent ne lui rien attribuer, c'est au fond la puissance qu'ils lui attribuent. Ils le nomment *absolu*, ce qui est pour eux un terme synonyme de puissance première et infinie. Ainsi, les mêmes philosophes ou théosophes qui prétendent que prêter à Dieu une bonté et une justice du genre des nôtres serait l'humaniser, n'hésitent jamais à lui prêter l'omnipotence ou la volonté absolue, comme s'il n'y avait plus là aucun anthropomorphisme! C'est qu'ils ont toujours besoin de la puissance divine pour fonder notre obligation d'obéir à Dieu, tandis que la bonté et la justice divines sont inconciliables avec les dogmes qu'ils enseignent. Au reste, cette nouvelle conception de l'absolu ne leur permet pas plus que les précédentes de fonder une morale : ils ne voient pas qu'une volonté toute-puissante est un principe matériel de crainte non un principe moral d'obligation ; tout en accusant autrui de matérialisme, ils cachent le matérialisme sous leur mysticité. Si une puissance absolue pouvait exister, rien ne prouverait que ce soit un absolu *moral*. Comment donc ferez-vous pour nous montrer qu'il existe un Dieu moral, un Dieu bon, un vrai Dieu? Et s'il existait, comment sauriez-vous qu'il a telle ou telle volonté? Deux réponses sont possibles: ou c'est la conscience morale qui pose l'existence, les attributs et les volontés de Dieu, et alors le cercle vicieux est immédiat; ou c'est une révélation extérieure, et le cercle, pour être reculé, n'en est pas moins inévitable. Comment, en effet, savoir qu'une révélation a eu lieu? — Historiquement, dites-vous. — Soit, Comment reconnaître alors qu'elle a été divine, et non par exemple diabolique? Car le démon aussi, selon les théologiens, a fait des miracles et en fera de nouveaux à la venue de l'Antéchrist. Vous voilà donc obligés d'invoquer la *moralité* de la révélation pour en prouver la *divinité*. Ce n'est pas tout; comment savoir, sans apporter encore des raisons morales, que cette révélation, même en la supposant divine, est de la part de votre Dieu une vérité et non un mensonge? Peut-être s'est-il servi de nous comme d'instruments pour une œuvre dans laquelle nous ne serons plus rien un jour. Vous vous récriez :— Dieu est véridique! — Mais comment le savez-vous ou le croyez-vous, sinon parce que la véracité est une qualité morale et même d'une « moralité humaine »? Vous voilà donc forcés de faire dépendre, vous aussi, la théologie de la morale, non plus la morale de la théologie, et de reconnaître que vous étiez dupes tout-à-l'heure d'une illusion intellectuelle. C'est l'illusion commune à tous les théologiens.

Concluons que la morale n'a rien à voir avec les religions. En leur essence les religions ne sont que des morales symboliques, projetées par l'homme dans le rêve de l'infini. Le ciel qu'on s'évertue à placer au-dessus de nous, est en nous, et Dieu n'est pas autre chose que notre idéal intérieur que nous proposons à l'univers.

Les théories erronées qui subordonnent la morale à la théologie cherchent la loi de la conscience en dehors de la conscience même. Pour les partisans de cette opinion, toute loi est un lien et tout lien est extérieur à ce qu'il lie. Le mot même d'obligation leur semble indiquer cette action du dehors qui enchaîne le dedans, comme dans un Etat la volonté du législateur lie les volontés du citoyen. L'acte de moralité ne peut avoir pour eux une valeur absolue que s'il subordonne cette valeur à la volonté de l'être absolu. — Mais comment les théologiens et les philosophes mystiques — catholiques, juifs, protestants — pourront-ils nous donner une idée de cet être absolu et de ses volontés, s'ils restent fidèles à leurs principes? Ils commencent par poser l'absolu comme insondable, incompréhensible : ses voies sont cachées, ses desseins sont des mystères, sa justice n'est pas la nôtre, sa sagesse et sa miséricorde ne sont pas compatibles avec ce que nous appelons sagesse et miséricorde, la plus haute moralité humaine que nous puissions concevoir ne lui sert pas de sanction. Et voilà un être qui n'est même pas volonté absolue, puisque nous pouvons lui désobéir, qui nous aurait imposé une morale !

Les religions veulent en vain faire descendre la morale du ciel comme les Indiens faisaient descendre du ciel le Gange aux eaux fécondes : la science a montré la source du Gange sur les montagnes de la terre et les sources de la morale sur les sommets de la pensée humaine.

La morale ne procède donc pas de religions.

Elle sourd tout naturellement de l'état même des choses, d'une longue pratique, de l'ambiance et du libre contrat naturel. Elle est le résultat de l'expérience des siècles du libre agencement social. Elle fuit l'arbitraire des codes qui l'outragent, de l'autorité qui l'humilie, du capital qui la corrompt, du patriotisme qui la souille de sang, des religions qui la maquillent....

Il en est de la morale comme de la liberté. Si celle-ci n'est que pure illusion, que l'autre disparaisse à son tour ! Une morale qui n'est pas une morale d'êtres libres, qu'est-elle ? Ou bien une recette d'expédients, un accommodement de mœurs, un composé de vieilles chimères d'obligation mystique, un résidu de vieux préceptes, une série de concessions hypocrites à « l'opinion publique ». Elle peut être tout cela, mais point la morale de la justice et de la vérité. Les vraies bases d'une *théorie du bien* se constituent graduellement par les règles d'utilité, les conditions d'existence successivement reconnues dans toutes les nations civilisées et répondant le mieux à l'instinct de conservation des individus et des groupes. Ainsi se développent une à une les lois naturelles de la conduite privée et publique, qui ne sont, dans leur humble origine, que des expériences généralisées d'hygiène personnelle et sociale.

La crainte du châtiment ou le désir de la récompense ne sauraient inculquer une moralisation saine. Bien au contraire. Cette mixture d'habitudes, de conventions, de préjugés, — autant de masques et de faux nez — tous factices ou artificiels, constitue un véritable attentat contre la libre expression de la dignité de l'homme.

Pour guider les hommes à travers les arcanes de la vie, il faut autre chose que des contraintes subies ou exercées en vertu de raisonnements empiriques, hissés, à force d'imagination, sur les nuées métaphysiques. La morale d'une société libre ne saurait s'accommoder d'obligation ou de sanction; elle ne peut être ni monarchique, ni aristocratique, ni religieuse, ni bourgeoise ; elle doit être libre ou ne pas être.

***

Eh quoi ! plus de récompenses, plus de châtiments, plus de blâmes, plus même de décorations, de félicitations, de sacrements à l'« immortalité».

Assurément non.

La satisfaction intime que devra nous procurer le sentiment de nos actes, le désir de sympathie vers lequel nous impulseront nos propensions naturelles à la solidarité seront suffisants pour nous inciter sans cesse vers le « mieux agir » en vue de notre propre bonheur et du bonheur d'autrui.

Nous ne laisserons aux belles actions que ce rayonnement qui attire les yeux, réchauffe les cœurs et montre l'exemple. Nous voulons remplacer la « métaphysique des mœurs », pure synthèse des termes d'adulation inconsciente et débilitante : mérite, récompense, reconnaissance, par la MORALE dite DE RÉCIPROCITÉ, étayée sur les bases plus naturelles et plus louables : spontanéité, émulation, dignité.

Dans une société libre, chacun trouvera son propre bonheur dans le bonheur des autres, le bien de tous résultant de celui de l'individu et réciproquement. Une morale individuelle qui ne cherche pas son but dans la morale sociale, une morale sociale qui ne puise pas ses principes dans la morale individuelle, ne sont qu'illusion.

Il n'y a pas de meilleur précepte que la vieille maxime de Confucius : « Ne faites pas aux autres ce que vous ne voudriez pas qu'on vous fît », — en la complétant de l'autre : « Faites aux autres ce que vous voudriez qu'on vous fît ».

En présence de ces règles aussi simples, aussi humaines, tous les autres préceptes moraux deviennent inutiles.

Faisons en sorte de développer les sentiments du beau, du juste et du bon, en nous appliquant à instaurer un milieu social dans lequel l'individu sera dégagé de l'hypocrisie des préjugés, des lâchetés conventionnelles, des liens de cette éthique religieuse fausse, mensongère et déprimante qui étouffent les sentiments naturels et une moralisation saine ne pourra que se développer spontanément. Les calculs cyniques et bas, le servilisme dégradant, la ruse succédanée de la force, la recherche de l'intérêt exclusif au détriment de ses semblables, toutes causes de haines, de jalousies, de servilités, de bassesses et de *lutte pour la vie*, feront place à la spontanéité, à la dignité, à la bonté simple, sans arrière-pensée, à la *paix sociale*.

L'individu affranchi, grâce à ses aptitudes, à son éducation, grâce aussi à l'exemple et à l'habitude, sera mieux en état de se conformer au but de la société et à la conduite qu'il est moralement tenu d'avoir vis-à-vis de ses semblables.

La morale indépendante peut être définie : les droits égaux de chacun respectés mutuellement au point de vue général et particulier, en vue du bonheur général des hommes. Tout ce qui trouble ou détruit ce bonheur est *amoral*, tout ce qui le favorise est *moral*. Le « moral » consiste dans « tout ce qui plaît », limité au « ce qui peut déplaire » aux voisins. « Laissez-moi en paix et je vous y laisserai. » Voilà un cri peut-être banal, mais assurément humain. L'« *amoral* » consiste dans l'exagération de l'égoïsme, se développant aux dépens du bonheur commun, empiétant sur les intérêts de tous. Une communauté d'hommes arrivera à un degré de moralité d'autant plus élevée qu'elle aura réussi à concilier les penchants égoïstes de la nature humaine avec l'intérêt général.

※

Dans notre société antagonique on peut sérier les individus en deux groupes moraux: les *humanitaires* ou *communistes* et les *individualistes*.

Les grands coupables, les destructeurs de l'harmonie rêvée, partisans de gouvernements ou hommes à formule: « la force c'est le droit », sont les *individualistes*. Je désigne par ce terme les égoïstes à outrance, c'est-à-dire ceux qui mettent leur « moi » au-dessus et en dehors des autres « moi » et s'efforcent de le satisfaire *aux dépens* de leurs égaux. C'est eux, qui depuis l'origine des âges jusqu'à nos jours, Tibères, Caligulas, Nérons ou Bonapartes petits et grands, tyrans d'individus ou individus tyrans, pseudo-anarchistes ou étatistes, ont recueilli consciemment ou inconsciemment l'héritage d'autorité, de despotisme et de ruse légué par l'Eglise et maintenu ou recherché avec cupidité et âpreté, pouvoirs, gouvernements, priviléges, toute l'escorte officieuse ou officielle du règne de la force brutale.

Assurément l'égoïsme est un sentiment inhérent à l'individu. Tout être est égoïste. Il faut qu'il satisfasse à deux besoins primitifs et irréductibles. Il faut, pour qu'il se conserve, qu'il emprunte au dehors des éléments nutritifs. Voilà l'origine de l'égoïsme. Qu'est-ce en effet que l'amour de soi, sinon l'instinct de la conservation, qui n'est lui-même en dernière analyse que l'instinct de la nutrition ? Compliquez cet instinct, et vous aurez l'amour-propre, l'intérêt personnel, la recherche des moyens de conserver la santé et la vie, le désir des jouissances, toutes les formes de l'amour de soi. Mais la substance vivante ne doit pas seulement subsister comme individu ; il faut encore qu'elle subsiste « comme espèce », d'où le second besoin égoïste inhérent à l'individu, nécessité d'aimer, lié au besoin d'engendrer.

L'égoïsme est donc un sentiment très naturel et nullement condamnable en lui-même. L'amour de soi est au fond le mobile suprême de toutes nos actions, même celles qui semblent les meilleures. La charité, l'abnégation, la compassion, par exemple, ne sont pas autre chose qu'un raffinement de l'égoïsme. Nous portons secours à nos semblables, parce que nous en éprouvons une satisfaction intime. Qui n'a éprouvé cette indicible torture produite par l'état d'impuissance dans lequel il s'est senti devant des maux étrangers qu'il ne pouvait enrayer, devant un malheur qu'il ne pouvait conjurer ? « Chaque fois, dit Taine, que je n'ai pu faire l'aumône, le pas du mendiant s'éloignant sonnait douloureusement dans mon cœur. » C'est assurément être égoïste que de chercher seulement pour cette tranquillité intime à s'éviter ce reproche du cœur.

Dans l'état d'isolement ou de nature, l'homme n'aurait pas d'autres idées morales que celles qui lui viendraient par hérédité de la sociabilité animale et il suivrait aveuglément, comme les bêtes mêmes, les impulsions de la faim, de la passion, de la cruauté, des appels de l'instinct, en un mot de l'égoïsme brutal et bestial. Mais à l'état de société, ce sentiment exclusif et outré ne peut que concourir à l'assouvissement bestial de ses appétits et à l'asservissement de ses semblables. Pour rompre avec ce passé de servage et d'autorité, nous devons nous appliquer à canaliser nos égoïsmes vers le but d'utilité et l'intérêt de la collectivité.

La société doit être organisée de telle sorte que le bonheur des uns ne prenne pas sa source dans le malheur des autres ; mais que chacun trouve son bien dans celui de tous et vice versâ. Dès que ce but sera atteint, on aura supprimé la cause des crimes, des vices, des perversités qui éclosent, comme en serre chaude, dans la société actuelle. L'individu, dégagé des liens artificiels d'une morale mensongère et déprimante, agira librement sans chercher à accorder une valeur ou un titre à la nature de ses actes. Il pourra rechercher simplement son propre bien-être, sans léser les intérêts de la société. Il l'accroîtra en travaillant à accroître celui de la communauté et réciproquement. Et l'on aura de la véritable morale, de la vertu simple et spontanée, des nobles sentiments à profusion.

L'accord de l'intérêt particulier avec l'intérêt général : voilà en deux mots le grand principe moral de l'avenir.

CONCLUSION

Ainsi donc, au cours de cet opuscule dont le cadre est évidemment trop étroit pour une discussion qui demanderait plus d'ampleur, nous avons vu que Dieu n'existait pas, ne pouvait exister en notre univers. Nous appuyant sur les travaux les plus récents des savants modernes, Spencer, Hæckel, Büchner, Claude Bernard, Luys, etc., nous avons constaté que l'athéisme était logique et fatal. Les religions ne sont donc pas d'origine divine, comme le veulent les croyants. Elles ne peuvent pas l'être. Elles ne constituent pas une science sacrée descendre du ciel, supérieure à la raison et dont la raison humaine doit être l'humble servante. C'est au nom de la raison même que nous devons et pouvons réfuter victorieusement les sophismes d'une légende sur laquelle les dogmes ont édifié leur commerce....

Pendant que tout progresse, selon la loi infinie de la perfectibilité humaine, la catholicité offre l'aspect d'un rocher sur lequel viendraient se briser les efforts de la science et de la vérité. Cet obstacle est destiné à être submergé. Déjà pour s'échapper au dehors, en lueur ardente et vive, la science a dû briser le moule étroit qui l'emprisonnait. Les religions ont pu naître et grandir tant que l'idée qu'elles représentaient répondaient aux besoins de leur temps, mais elles ne peuvent plus maintenant s'opposer impunément au mouvement de lumière et de progrès qui se fait autour et en dehors d'elles.

Aux hommes épris de justice et de liberté de lutter contre l'idée religieuse qui contient toujours en germe l'esprit d'asservissement.

Le but est grand, la tâche glorieuse

Rejeter le *bien* factice, dogmatique, artificiel des philosophes; se contenter du vrai; se persuader que le grand *mal* est l'erreur ou l'ignorance; atteindre l'utile à l'aide du vrai et en profiter; jouir en même temps du beau dans l'ordre des mœurs comme dans l'ordre des formes visibles; s'émanciper des dogmes tous serviles; vouloir pour tous l'épanouissement de l'être, la dilatation de la vie, comprimée jusqu'ici par des préjugés absurdes et surtout la joie virile de ne plus trembler sous un maître;

C'est ainsi que, sur la terre, l'homme pourra véritablement conquérir les cieux.

Paris, 13 août 1897.

TABLE DES MATIÈRES

Pages

Chapitres	I. — Du dogme religieux	3
«	II. — Où est Dieu ?	9
«	III. — Lois naturelles. Miracles. Sorcelleries	11
«	IV. — Magnétisme. Somnambulisme. Hypnotisme	15
«	V. — Matière et vie partout	18
«	VI. — Attributs de la matière	33
«	VII. — Ciel et Terre	25
«	VIII. — Périodes de la Création Terrestre	29
«	IX. — Génération primitive. Théorie des monères	31
«	X. — Génération secondaire	39
«	XI. — L'âme	43
«	XII. — Ame mortelle, Corps immortel	48
«	XIII. — Essai de morale indépendante	51
Conclusion		59

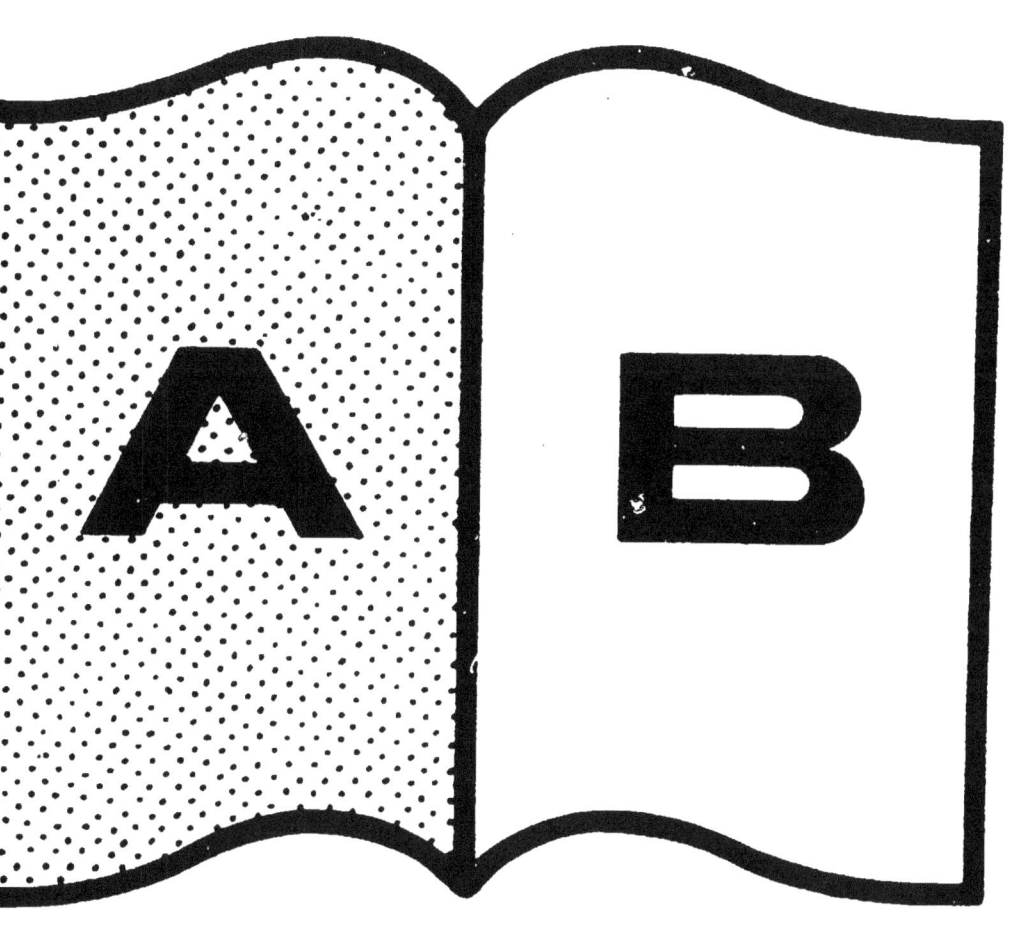

Contraste insuffisant

NF Z 43-120-14

www.ingramcontent.com/pod-product-compliance
Lightning Source LLC
LaVergne TN
LVHW022123080426
835511LV00007B/993